# 詮釋與建構

## ——董仲舒春秋學的形成與開展

陳明恩·著

# 自序

　　董仲舒之學，影響兩漢學術甚深；其中又以公羊學之傳承發展，與董生之關係最為密切。自就讀博士班以來，即思就相關問題加以討論，並撰為論文六篇，盼藉之以窺董生春秋學之旨要。惟各篇雖各有所重，行文之際，難免略有重文互見之情況；且各篇所刊，因諸書體例有別，篇章架構之安排各亦有不同。今統為一編，於行文方式、章節次第、篇目名稱等，均略有調整，務求彰顯董生春秋學之理論體系與相關內涵。

　　本書各章，一、三兩章原題「〈董仲舒春秋公羊學解經方法析論〉」，刊於林慶彰先生主編之《經學研究論叢》第 8 輯；今析而為二，要在分釋董生春秋學所涉理論傳承、史料真偽與詮釋方法等問題。四、五兩章分別發表於《中國學術年刊》第 27 期，及《經學研究論叢》第 11 輯。其餘各章，則發表於銘傳大學應用中國文學系舉辦之研討會論文集。

　　各篇發表之際，時或任職中研院文哲所助理、或正在撰寫博士論文、或已忝任教職；惟此間若無中研院文哲所鍾彩鈞、林慶彰先生之包容厚愛、臺灣師範大學陳師麗桂之教誨指正、銘傳大學陳德昭院長之提攜獎掖，至今恐仍不免於追求溫飽，又何暇於學術之研究！今書將付梓，於董仲舒研究或將告一段落；然諸先生高義，則畢生莫敢或忘！又，本書各篇發表之時，均蒙學者專家多所指正，

亦在此一併致謝。惟囿於學力所及，其或仍有言之未詳、理有未周者，亦祈博雅方家不吝賜正。

中華民國一○○年七月　**陳明恩**　謹誌

# 目　次

# 緒論

## ——董仲舒與春秋公羊學

# 第一章　緒論

## ——董仲舒與春秋公羊學

　　兩漢學術，其初本尚黃老；此間雖或有倡議儒學之舉，但猶未能成風。[1]由貴黃老轉而尊儒術，其關鍵人物有二：漢武帝與董仲舒。建元五年，武帝「置五經博士」[2]，正式確立「五經」之官學地位。而董生對策，請絕「諸不在六藝之科、孔子之術者」（《漢書‧董仲舒傳》；頁2523）；對爾後儒學之發展，更具有決定性之作用。自此以降，五經乃漸次取代黃老，成為兩漢學術之主流。就經學而言，其中又以春秋公羊學的形成，與董生之關係最為密切。《史記‧儒林列傳》云：

---

[1] 有關漢初黃老之風，詳參陳師麗桂：《秦漢時期的黃老思想》（臺北：文津出版社，1997年2月），頁141-184。至若漢初儒學之發展概況，其簡要說明，可參葉國良、夏長樸、李隆獻編著：《經學通論》（臺北：國立空中大學，1996年1月），頁481-483；姜廣輝主編：《中國經學思想史》（北京：中國社會科學出版社，2003年9月），頁6-7。本書所引近現代研究論著，均於每章首次引用時，詳細注出出版地、出版者、出版年月及頁碼，餘則但注書名與頁碼，以便檢閱。

[2] 〔漢〕班固撰：《漢書‧武帝本紀》（北京：中華書局，1987年10月），頁159。本書所引古籍之文，均於首次引用時，詳細注出使用版本、出版地、出版年月及頁碼，餘則但注頁碼於引文之末。

> 董仲舒，廣川人也。以治《春秋》，孝景時為博士。下帷講
> 誦，弟子傳以久次相受業，或莫見其面，蓋三年董仲舒不觀
> 於舍園，其精如此。……至卒，終不置產業，以脩學著書為
> 事。故漢興至于五世之閒，惟董仲舒名為明於《春秋》，其
> 傳公羊氏也。胡毋生，齊人也。孝景時為博士，以老歸教授。
> 齊之言《春秋》者多受胡毋生，公孫弘亦頗受焉。[3]

《漢書‧儒林傳》則云：

> 漢興，……言《春秋》，於齊則胡毋生，於趙則董仲舒。……
> 而公孫弘以治《春秋》為丞相，封侯。（頁 3593）

> 胡毋生字子都，齊人也。治《公羊春秋》，為景帝博士。與
> 董仲舒同業，仲舒著書稱其德。年老，歸教於齊，齊之言《春
> 秋》者宗事之，公孫弘亦頗受焉。（頁 3615-3616）

> 瑕丘公受《穀梁春秋》及《詩》於魯申公，傳子至孫為博士。
> 武帝時，江公與董仲舒並。仲舒通五經，能持論，善屬文。
> 江公吶於口，上使與仲舒議，不如仲舒。而丞相公孫本為公
> 羊學，比輯其議，卒用董生。於是上因尊公羊家，詔太子受
> 《公羊春秋》，由是《公羊》大興。（頁 3617）

如上引《史記》與《漢書》所論，漢初公羊學之所以能立於學官，
主要得力於胡毋生、董仲舒與公孫弘三人。[4] 這三人中，公孫弘之

---

[3] 〔漢〕司馬遷撰：《史記》（北京：中華書局，1982 年 11 月），頁 3127-3128。

[4] 李隆獻指出：「（漢初）公羊學之所以能壓倒穀梁學，立於學官，並得以發
揚光大，主要是靠董仲舒通五經、能持論、善屬文，與公孫弘的身居相位、

說不詳、胡毋生之說亦不可得而知[5]，惟董仲舒「以脩學著書為事」、
且「明於《春秋》」。此外，《漢書·五行志》又云：

> 董仲舒治《公羊春秋》，始推陰陽，為儒者宗。（頁 3617）

《漢書·董仲舒傳贊》亦稱：

> 仲舒遭漢承秦滅學之後，六經離析，下帷發憤，潛心大業，
> 令後學者有所統壹，為群儒首。（頁 2526）

由此可見，今欲探究西漢初年之春秋公羊學，捨董仲舒即無法窺其
梗概。然歷來治經學史者，其說或緣於篇幅之限制，或限於「史」
之歷程式敘述，於董生之說，似皆未能曲盡其意——早期之作，或
語焉不詳、或略而不談，恐難符兩漢經學發展之實況[6]；近代學者

---

利用職權，抬高《公羊傳》的地位；而胡母子都對公羊學的貢獻則在將《公
羊傳》由口耳相傳的階段正式寫定。」說見：《經學通論》，頁 289。
[5] 何休《春秋公羊傳解詁·序》云：「往者略依胡毋生條例，多得其正。」〔漢〕
何休注、〔唐〕徐彥疏：《春秋公羊傳注疏》（臺北：藝文印書館，1989 年 1
月，阮刻《十三經注疏》本），頁 4。可知胡毋生之學與「條例」有關，惟
其內容，今已莫知其詳。
[6] 就坊間現有經學史觀之，皮錫瑞《經學歷史》論及兩漢雖以「經學昌明
時代」標目，然於董仲舒只云：「案《史記·儒林傳》，董仲舒、胡毋生皆
以治《春秋》，孝景時為博士。」見皮錫瑞著、周予同注釋：《經學歷史》
（北京：中華書局，1989 年 4 月），頁 73。馬宗霍亦僅云：「言《春秋》
於齊則胡毋生，於趙則董仲舒。」《中國經學史》（臺北：臺灣商務印書
館，1992 年 11 月），頁 36。其他如楊成孚《經學概論》雖論及《公羊傳》
之成書及其傳授，然於董仲舒則語焉未詳。見《經學概論》（天津：南開
大學出版社，1994 年 5 月），頁 94 以下諸頁。蔣伯潛、蔣祖怡：《經與經
學》（上海：上海古籍出版社，1995 年）亦然。此外，安井小太郎著，連
清吉、林慶彰譯：《經學史》（臺北：萬卷樓圖書有限公司，1996 年），對
董生之說則略而不談。

所論，雖能正視董生之學於經學發展之重要性，但所述仍有偏重，未能盡攝董生春秋學之諸多面相。[7]職是之故，本文乃以「詮釋與建構——董仲舒春秋學的形成與開展」為題，盼藉由諸多不同層面之討論，一探董生春秋學之全貌。全文重心有二：

一、詮釋：要在探討董生《春秋》詮釋所涉「理論傳承」、「文獻真偽」、「理論基礎」及「詮釋方法」等問題；

二、建構：要在探討董生藉由《春秋》詮釋，所建構而成之重要理論及其內涵。

　　由於諸多論題牽涉甚廣，本章但就董生春秋學所涉理論傳承及文獻問題略作介紹，其餘各章再就董仲舒《春秋》詮釋所涉理論基礎、論釋方法與理論內涵逐一討論，以明董仲舒春秋學的形成及其詮釋方法與理論系統。而就本章所欲處理之問題而言，其所涉層面有二：春秋公羊學之形成及《春秋繁露》之真偽。前者與理論傳承有關，後者則涉及史料之辨證，故先分述如後。

---

[7]　章權才《兩漢經學史》雖專章討論董仲舒之春秋公羊學，惟其內容似偏重在「思想」層面，真正涉及「經學」內涵者，似僅「十指」之說而已。詳見《兩漢經學史》（臺北：萬卷樓圖書有限公司，1995 年 5 月），第三章，〈反映漢初中小地主階層利益的董仲舒《春秋公羊》學〉，頁 113-186。姜廣輝主編之《中國經學思想史》，於董生之說所述稍詳，已涉及「三統」、「災異」及「經權」等重要理論，但仍偏重一隅。詳見《中國經學思想史》（北京：中國社會科學出版社，2003 年 9 月），第廿五章，〈董仲舒的春秋公羊學理論體系〉，頁 47-126。

## 第一節　春秋公羊學的形成

《公羊傳》，亦稱《公羊春秋》、《春秋公羊傳》[8]，是解釋《春秋》的重要典籍，與《左傳》、《穀梁傳》並稱《春秋》「三傳」。三傳中，又以《公羊傳》最早立於學官。《史記・儒林列傳》云：

> 及今上即位，趙綰、王臧之屬明儒學，而上亦鄉之，於是招方正賢良文學之士。自是之後，言《詩》於魯則轅固生、於燕則韓太傅；言《尚書》自濟南伏生；言《禮》自魯高堂生；言《易》自菑川田生；言《春秋》於齊魯自胡毋生、於趙自董仲舒。（頁 3118）

又，《漢書・儒林傳贊》云：

> 自武帝立五經博士，……初，《書》唯有歐陽，《禮》后，《易》楊，《春秋》公羊而已。（頁 3620-3621）

景帝時，胡毋生與董仲舒皆以治《春秋》[9]為博士；然而，公羊立於學官雖史有明文，但有關《公羊傳》之制作及其傳授情況，史家

---

8　稱「《公羊春秋》」者，如前引《漢書・儒林傳》云：「胡毋生字子都，齊人也。治《公羊春秋》，為景帝博士。」稱「《春秋公羊傳》」者，如何休「〈春秋公羊傳序〉」。

9　案：《史記》所稱「《春秋》」，實即指《公羊傳》。崔適云：「西漢之初，所謂《春秋》者，合《經》與《傳》而名焉者也。《傳》者，後世所謂《公羊傳》也。其始不但無《公羊傳》之名，亦無《傳》之名，統謂之《春秋》

卻乏明確之記載。目前所見最完整之有關《公羊傳》之傳授、撰作者與寫作年代的說法，始於東漢戴宏。徐彥《公羊傳疏》引戴宏〈公羊傳序〉云：

> 子夏傳與公羊高，高傳其子平，平傳其子地，地傳與其子敢，敢傳與其子壽。至漢景帝時，壽乃共弟子齊人胡毋子都著於書帛。（《春秋公羊傳注疏》；頁3）

戴宏之說，重點有二：

一、《公羊傳》傳自子夏。

二、《公羊傳》傳至漢景帝時，始由公羊壽與胡毋子都共同寫定。

戴宏所論，直至清末崔適始駁之曰：

> 子夏少孔子四十四歲。孔子生於襄公二十一年，則子夏生於定公七年。下適景帝之初，三百四十餘年。自子夏至公羊壽，甫及五傳，則公羊氏世世相去六十餘年，又必父享耄年，子皆夙慧，乃能及之。其可信乎？（《春秋復始》；頁381）

崔適所云，乃依一般常理所作之推斷，其說看似合理，於義則有未諦。蓋其所謂「自子夏至公羊壽，甫及五傳，則公羊氏世世相去六十餘年，又必父享耄年，子皆夙慧」者，僅為一「合理之懷疑」，並不足以證明公羊氏必非「父享耄年，子皆夙慧」，亦不足以否認

---

而已。」《春秋復始》（上海：上海古籍出版社，1995年，《續修四庫全書》本），卷1，〈序證〉，頁381。至於《史記》之相關用例，詳參下引李新霖與蔣慶所撰論著。

公羊氏有一累世公羊學之傳授譜系。實則，戴宏所說之所以難以取信，原因有二：

一、《公羊傳・隱公二年》：「紀伯子者何，無聞焉耳。」何休《解詁》云：「孔子畏時遠害，又知秦將燔《詩》、《書》，其說口授相傳，至漢，公羊氏及弟子胡毋生等始記於竹帛。」（頁26）又，《漢書・藝文志》云：「《公羊傳》十一卷，公羊子，齊人。」（頁 1713）可知西漢末年以至東漢，學者對於《公羊傳》之傳授已不得其詳。戴宏所論，不知根據何在。

二、《四庫全書總目》云：「今觀《傳》中有『子沈子曰』、『子司馬子曰』、『子女子曰』、『子北宮子曰』，又有『高子曰』、『魯子曰』：蓋皆傳授之經師，不盡出於公羊子。〈定公元年傳〉『正棺於兩楹之間』二句，《穀梁傳》引之，直稱『沈子』，不稱『公羊』：是併其不著姓字者，亦不盡出公羊子；且併有『子公羊子曰』，尤不出高之明證。」[10]館臣之說，所言極是。今檢《公羊傳》，其文引子沈子三次[11]、子司馬子一次[12]、子女子一次[13]、子北宮子一次[14]、魯子六次[15]、高子一次[16]、子公

---

[10] 〔清〕紀昀等撰：《四庫全書總目》（臺北：臺灣商務印書館，1983 年，影印武英殿本），冊 1，頁 527。

[11] 《公羊傳》引子沈子三次，分別見於：
　　1、〈隱公十一年〉：「子沈子曰：『君弒，臣不討賊，非臣也；不復讎，非子也。葬，生者之事也。《春秋》君弒，賊不討，不書葬，以為不繫乎臣子也。』」（頁 42）
　　2、〈莊公十年〉：「子沈子曰：『不通者，蓋因而臣之也。』」（頁 88）
　　3、〈定公元年〉：「子沈子曰：『定君乎國，然後即位。』」（頁 316）

[12] 見〈莊公卅年〉：「子司馬子曰：『蓋以操之為已蹙矣。』」（頁 109）

[13] 見〈閔公元年〉：「子女子曰：『以《春秋》為《春秋》，齊無仲孫，其諸吾仲孫與？』」（頁 114）

羊子二次[17]。足見彼時傳《公羊傳》者多矣，未必盡出公羊
氏。戴宏所述，未得其實。

　　既然戴〈序〉不足採信，在文獻有闕的情況下，有關《公羊傳》
之傳授，今日所知者，僅得以下二端：

一、《公羊傳》有一口授傳統，並經諸多經師口授相傳、增益發揮
　　而成，至於傳文創始於何人及詳細之傳授情形，則不得其詳。

二、《公羊傳》之口授傳統至西漢初年才略有變化，而始著於竹
　　帛；其著於竹帛者，雖不必即是公羊壽與胡毋生，但應與儒
　　家有關。如徐復觀云：「《公羊傳》之成立，合理的推測，應
　　當是孔門中屬於齊國這一系統的第三代弟子，就口耳相傳的
　　加以整理，紀錄下來，有如《論語》成立有《齊論》、《魯論》
　　的情形一樣。先有了這樣著於竹帛的『原傳』，在傳承中又有
　　若干對『原傳』作解釋上的補充，被最後寫定的人，和『原
　　傳』抄在一起，這便是漢初《公羊傳》的共同祖本。」[18]葉

---

14　見〈哀公四年〉：「子北宮子曰：『辟伯晉而京師楚也。』」（頁 343）
15　《公羊傳》引魯子六次，分別見於：
　　1、〈莊公三年〉：「魯子曰：『請後五廟，以存乎姑姐妹。』」（頁 76）
　　2、〈莊公廿三年〉：「魯子曰：『我貳者，非彼然，我然也。』」（頁 101）
　　3、〈僖公五年〉：「魯子曰：『蓋不以寡犯眾也。』」（頁 128）
　　4、〈僖公廿年〉：「魯子曰：『以有西宮，亦知諸侯之有三宮也。』」（頁 142）
　　5、〈僖公廿四年〉：「魯子曰：『是王也，不能乎母者，其諸此之謂與？』」
　　　（頁 149）
　　6、〈僖公廿八年〉：「魯子曰：『溫近而踐土遠也。』」（頁 154）
16　見〈文公四年〉：「高子曰：『娶乎大夫者，略之也。』」（頁 167）
17　《公羊傳》引子公羊子二次，分別見於：
　　1、〈桓公六年〉：「子公羊子曰：『其諸以病桓與！』」（頁 54）
　　2、〈宣公五年〉：「子公羊子曰：『其諸為其雙雙而俱至與！』」（頁 191）
18　《兩漢思想史》（臺北：臺灣學生書局，1989 年 9 月），卷二，頁 324。

國良等則以為：「《公羊傳》可能是戰國至漢初，儒家某一派的經師，長期的口耳相傳，不斷的發展修改，到景帝時才由其中的公羊氏家族領導寫定。」[19]至於《公羊傳》之成書年代，依李新霖之說，上限當在樂正子春之時或以後，下限當在漢初。[20]

又，《公羊傳》有一口授傳統，除上引何休之說外，《史記・十二諸侯年表序》云：

> 七十子之徒，口受其傳指，為有所刺譏褒諱挹損之文辭不可以書見也。（頁 509）

《漢書・藝文志・春秋略》則曰：

> 及末世口說流行，故有公羊，穀梁、鄒、夾之傳。四家之中，公羊、穀梁立於學官，鄒氏無師，夾氏未有書。（頁 1715）

《史》、《漢》所載，或曰「口受其傳指」、或曰「末世口說流行」，比觀前引何休之說，則漢人似乎一致認為：《公羊傳》是由口說流行所漸次形成的。然近人頗有疑之者。如洪業認為：

> 二傳雖具問答體裁，未必僅以口說相傳。且司馬遷云：「秦焚《詩》、《書》而六藝缺。」必有竹帛，然後可焚，口說非烈火所能及。觀二傳之殘缺，似非口授遺忘之缺也。[21]

---

[19] 《經學通論》，頁 282。
[20] 《春秋公羊傳要義》（臺北：文津出版社，1989 年 5 月），頁 16-17。
[21] 洪業：〈春秋經傳引得序〉，《十三經引得（四）》（臺北：南嶽出版社，1977 年），頁 31。

徐復觀則云：

> 把口傳的《公羊傳》「著之於竹帛」，較以《尚書》的今文讀
> 古文，遠較困難而重要，何以《史記》的〈儒林列傳〉及《漢
> 書》的〈儒林傳〉皆未一言？……《漢石經》所刻《今文尚書》，
> 計一萬八千六百五十字；連其所亡失者合計之，當不
> 出四萬字。伏生不能口傳已經亡失之《尚書》，而只能根據
> 殘存之篇簡二十九篇，教授於齊魯之間。則《春秋經》一萬
> 六千五百七十二字，《公羊傳》二萬七千五百八十三字，合
> 共四萬四千一百五十五字，僅由公羊一家，靠口頭上單傳，
> 這可以說是不可能之事。[22]

李新霖亦指出：

> 揆諸常情：如孔子微旨在當時或不便著錄而以口傳，然事
> 過境遷，公羊氏似無再堅持口傳之理。況公羊氏五傳而後，
> 筆之於書，較諸伏生口授《尚書》，寫成《今文尚書》，意
> 義非凡，何以《史記》、《漢書》皆不置一言？且伏生距秦
> 禁書未久，所能傳者不過二十九篇，亡失者已不少。《春秋》
> 經傳合言，亦有四萬餘字，僅由公羊一家，世世口傳，不
> 啻奇蹟！[23]

竊意以為，上引三家之說，雖看似合理，然其所疑者，如「公羊氏
似無再堅持口傳之理」、「僅由公羊一家，靠口頭上單傳，這可以說
是不可能之事」、「春秋經傳合言，亦有四萬餘字，僅由公羊一家，
世世口傳，不啻奇蹟」等，均是似是而非之辭，難以據信：

---

[22] 《兩漢思想史》，卷二，頁 320。
[23] 《春秋公羊傳要義》，頁 15。

一、公羊氏是否有必要堅持口授傳統，不能僅就「理」上言，文獻
　　有闕，存之可也，不必推求太過。

二、公羊氏是否有能力僅靠一家口傳四萬餘字之《春秋》及《公羊
　　傳》是一問題，伏生僅憑記憶傳《今文尚書》又是另一問題；
　　以伏生之情況證公羊氏口授系統之不可信，實有跳躍類比論證
　　之嫌，不足為憑。

　　如上所述，有關《公羊傳》在兩漢之前的傳授情形，目前所
見最早說法始於東漢戴宏；然戴宏之說缺乏文獻證據，不足為憑。
至於《公羊傳》是否有一口授傳統，雖然學界看法不一，然持反
對意見者，其所持論據亦不足以令人信服；在未有確切證據之前，
似乎不應全盤推翻公羊氏口傳《公羊傳》之可能。惟此口傳過程
是否由公羊氏所獨承，證諸《四庫全書總目》所云，則傳《公羊》
者多矣，實不必太過拘泥於一家獨傳之說；至於傳《公羊》者是
儒家中的那一學派，文獻不足徵，不妨暫時存之。然所謂「始著
於竹帛」應作何解釋？是指《公羊傳》遲至漢初方形諸文字而著
於竹帛，抑或專指今日所見《公羊傳》之文本？《史記·十二諸
侯年表序》云：

> 荀卿、孟子、公孫固、韓非之徒，各往往捃摭《春秋》之文
> 以著書，不可勝紀。（頁510）

如《史記》所載，《公羊傳》於戰國之際雖或尚未成「書」，但其
「文」卻早已有之，故各家乃得以捃摭其說。且觀史遷「不可勝
紀」之語，足見彼時《公羊》之文亦早已廣為流傳。是所謂「始
著於竹帛」者，當指將口授時期之文字彙整為一，而以「書冊」

的形式出現。至於此一書冊是否即名之為「《公羊傳》」？似亦不盡然。依李新霖、蔣慶所考，先秦時期，雖說諸子之文間或與《公羊傳》偶合，然並未見《公羊傳》制作之徵；而漢興以來，雖說公羊義廣為學者所應用，然《史記》所稱，但謂之「《春秋》」，而不云「《公羊傳》」；《春秋繁露》所引，亦僅稱「《傳》曰」，未嘗有「《公羊傳》」之名。[24]檢諸古籍所載，「《公羊傳》」一名，最早見於劉歆《七略》，亦即《漢書‧藝文志》所引「《公羊傳》十一卷」。上引崔適《春秋復始‧序證》亦稱：「《公羊傳》之名，自劉歆始。」然而，「《公羊傳》」一名雖遲至東漢才出現，但這是否意味著西漢以前即無所謂的「公羊學」？

事實上，由前述「漢初公羊義頗為盛行」及「學者引公羊義逕稱《春秋》」這兩點來看，於漢儒而言，實無《經》、《傳》之差異──《經》與《傳》在漢初並未分而為二。[25]既然《經》、《傳》不分，且引《春秋》者必合於《公羊傳》，可知《公羊傳》在漢初應是以「附《經》」的方式流傳，此乃漢儒言《春秋》必同於《公羊傳》之主要原因。無「《公羊傳》」之「名」，並不代表無「公羊學」之「實」。而踵繼公羊統緒，並於漢代初年增華拓衍者，依前引《史記‧儒林列傳》所述，即是胡毋生與董仲舒。[26]且胡毋生、董仲舒

---

[24] 先秦兩漢諸子引公羊義之情況，可參看李新霖：《春秋公羊傳要義》，頁 2-9；蔣慶：《公羊學引論》（遼寧：教育出版社，1995 年 6 月），頁 74-75。

[25] 蔣慶云：「在古文學未盛行之前，在漢儒眼中，《公羊傳》即是《春秋傳》，公羊學即是春秋學。這即是說，在漢初儒者眼中，《春秋經》與《公羊傳》合一，具有同等效力，引《公羊傳》即是引《春秋》，學公羊即學《春秋》，沒有離開公羊之《春秋》。」《公羊學引論》，頁 63-64。

[26] 兩漢公羊學之傳授，率皆系出胡、董二家。其傳授譜系，詳參章權才：《兩漢經學史》，頁 306-307。

之所以得立於博士，正以其對《春秋》有獨到之見解，且其說法被朝廷所接受、提倡，並用此以教育博士弟子。很顯然的，公羊學在漢初即已成形。然胡毋生之說，今已莫知其詳。至於董仲舒，其用以推衍公羊大義者，主要見於《春秋繁露》；惟《春秋繁露》一書，歷來頗有疑其偽作者，茲辨明如下。

## 第二節　《春秋繁露》之真偽

董仲舒之著作，最早見於文獻紀錄者有三：

一、《史記·十二諸侯年表序》：

> 上大夫董仲舒推《春秋》義，頗著文焉。（頁 510）

二、《漢書·董仲舒傳》：

> 仲舒所著，皆明經術之意，及上疏條教，凡百二十三篇。而說《春秋》得失，〈聞舉〉、〈玉杯〉、〈蕃露〉、〈清明〉、〈竹林〉之屬，復數十篇，十萬餘言，皆傳於後世。（頁 2525-2526）

三、《漢書·藝文志·春秋類》：

> 《公羊董仲舒治獄》十六篇。（頁 1714）

依《史記》所述，史遷之時，董仲舒雖「頗著文」，然其所著似乎尚未集結成「書」；若依《漢書》所載，則董仲舒之著作頗豐，除百二十三篇外，尚有專解《春秋》之作數十篇及專言治獄者十六篇，

但亦未曾標舉「《春秋繁露》」一名。然而,雖說「《春秋繁露》」一名在東漢初期尚未出現;然董仲舒有著作流傳於世,卻是不爭之事實。至於史志所錄,最早見於《隋書‧經籍志》。其文云:

> 《春秋繁露》十七卷,漢膠西相董仲舒撰。[27]

自此以降,《唐書‧經籍志》錄:

> 《春秋繁露》十七卷,董仲舒撰。[28]

《宋史‧藝文志》亦錄:

> 董仲舒《春秋繁露》十七卷。[29]

依《隋志》等所錄,則董仲舒撰有「《春秋繁露》」,應是史有明文,毋庸再議。然自宋代以下,疑者頗多。綜觀歷來有關《春秋繁露》真偽之論辨,其說約有如下四種:

一、以《春秋繁露》為「偽作」者。持此說者,其所持理由,約有以下數端:

(一)、疑其為後人「取而附著」者。如《崇文總目》云:

> 《春秋繁露》十七卷,董仲舒撰。原釋其書盡八十二篇,義引宏博,非出近世,然其閒篇第已舛,無以是正。又即用〈玉杯〉、〈竹林〉題篇,疑後人取而附著云。[30]

---

[27] 〔唐〕魏徵、令狐德棻等撰:《隋書》(北京:中華書局,1987 年 10 月),頁 930。

[28] 〔後晉〕劉昫等撰:《舊唐書》(北京:中華書局,1975 年 5 月),頁 1979。

[29] 〔元〕脫脫等撰:《宋史》(北京:中華書局,1985 年 6 月),頁 5057。

(二)、疑其「失真」者。如歐陽脩云：

> 《漢書・董仲舒傳》載仲舒所著書百餘篇，第云〈清明〉、〈竹林〉、〈玉杯〉、〈繁露〉之書，蓋略舉其篇名。今其書纔四十篇，又總名《春秋繁露》者，失其真也。予在館中校勘群書，見有八十餘篇，然多錯亂重複。又有民間應募獻書者，獻三十餘篇，其間數篇，在八十篇外。乃知董生之書，流散而不全矣。[31]

(三)、疑其「辭意淺薄」，而攻之甚力者。如程大昌云：

> 右《繁露》十七卷，紹興間董某所進。臣觀其書，辭意淺薄，間掇取董仲舒策語，雜置其中，輒不相倫比，臣固疑非董氏本書矣。又班固記其說《春秋》凡數十篇，〈玉杯〉、〈繁露〉、〈清明〉、〈竹林〉，各為之名，似非一書。今董某進本，通以《繁露》冠書，而〈玉杯〉、〈清明〉、〈竹林〉特各居其篇卷之一，愈益可疑。他日讀《太平寰宇記》及杜佑《通典》，頗見所引《繁露》語言，顧今書皆無之。[32]

二、對《春秋繁露》之真偽持「存疑」態度者。持此說者，亦有不同之立場：

---

[30] 〔宋〕王堯臣等編次、錢東垣輯釋：《崇文總目》，收入王雲五主編：《國學基本叢書》（臺北：臺灣商務印書館，1967 年），頁 23。

[31] 〔宋〕歐陽脩：〈書《春秋繁露》後〉，見《六一題跋》（北京：中華書局，1985 年，《叢書集成初編》本），頁 499-450。

[32] 〔宋〕程大昌：〈秘書省繁露書後〉，《程氏演繁露》（臺北：臺灣商務印書館，1981 年，《四部叢刊廣編》本），頁 1。

(一)、或對《春秋繁露》之由來表示「未詳」者。如晁公武云：

史稱「仲舒說《春秋》事得失，〈聞舉〉、〈玉杯〉、〈繁露〉、〈清明〉、〈竹林〉之屬數十篇，十餘萬言，傳於後世」。今溢而為八十二篇，又通名《繁露》，皆未詳。[33]

(二)、或以「傳疑存之」者。如陳振孫云：

《春秋繁露》十七卷，漢膠西相廣川董仲舒撰。案《隋》、《唐》及《國史志》，卷皆十七。《崇文總目》凡八十二篇，《館閣書目》止十卷；萍鄉所刻，亦財三十七篇。今乃樓攻媿得潘景憲本，卷篇皆與前志合，然亦非當時本書也。先儒疑辯詳矣。其最可疑者，本傳載所著書百餘篇，〈清明〉、〈竹林〉、〈繁露〉、〈玉杯〉之屬，今總名曰《繁露》，而〈玉杯〉、〈竹林〉則皆其篇名，此決非其本真。況《通典》、《御覽》所引，皆今書所無者，尤可疑也。然古書存於世者希矣，姑以傳疑存之，可也。[34]

(三)、或對《春秋繁露》之真偽表示無能為力者。如樓鑰云：

董生之書，視之諸儒，尤博極閎深也。本傳稱〈玉杯〉、〈繁露〉、〈清明〉、〈竹林〉之屬。今其書十卷，又總名《繁露》。其是非請俟賢者辨之。[35]

---

[33] 〔宋〕晁公武撰、孫猛校證：《郡齋讀書志校證》（上海：上海古籍出版社，1990 年 10 月），頁 104。
[34] 〔宋〕陳振孫：《直齋書錄解題》（京都：中文出版社，1978 年 7 月），頁 457。
[35] 〔宋〕樓鑰：《攻媿集》（臺北：中華書局，1959 年，《四部備要本》），〈序

三、或在「真」、「偽」之間，採取「折衷」之態度者。如《四庫全
　　書總目》云：

> 《春秋繁露》十七卷，漢董仲舒撰。……今觀其文，雖未必
> 全出仲舒，然中多根極理要之言，非後人所能依託也。是書
> 宋已有四本，多寡不同，至樓鑰所校，乃為定本。（冊1；
> 頁602）

四、力主《春秋繁露》為董仲舒所作者。如樓鑰云：

> 余又據《說文解字》「王」字下引董仲舒曰：「古之造文者
> 三畫而連其中謂之王。三者，天地人也，而參通之者，王
> 也。許叔重在後漢和帝時，今所引在〈王道通三〉第四十
> 四篇中。其〈本傳〉中對越三仁之問；朝廷有大議，使使
> 者及廷尉張湯就其家問之；求雨閉諸陽，縱諸陰，其止雨
> 反是；〈三策〉中言天之仁愛人君；天道之大者在陰陽，陽
> 為德，陰為刑，故王者任德教而不任刑之類，今皆在其書
> 中，則其為仲舒所著無疑，且其文詞亦非後世所能到也。
> （〈跋春秋繁露〉；頁3）

　　今觀上引諸說，論者之所以對《春秋繁露》之真實性產生疑問，
主要問題有三：

一、辭意淺薄，間掇取董仲舒策語雜置其中，輒不相倫比。

二、班固記其說《春秋》凡數十篇，今通以《繁露》冠書，愈益可疑。

---

　　春秋繁露〉，頁1。

三、《通典》、《御覽》、《太平寰宇記》頗引《繁露》之語，然今本
　　皆無之，故甚可疑。

然細繹諸家所持論點，實皆難以成立：

一、就第一點而言，此純屬個人主觀偏見，不足為憑。蓋若此說可
　　成立，則論者亦可就觀點之不同，而主張其文為「博極閎深」
　　（如樓鑰）。然無論「辭意淺薄」或「博極閎深」，均難以作為
　　論證真偽之準據。

二、至於第二點，如前所述，史遷之時董仲舒所著尚未集結成冊，
　　直至班固才明白指出「仲舒所著，皆明經術之意，凡百二十
　　篇。而說《春秋》得失，……復數十篇，十萬餘言」，又著錄
　　其《公羊董仲舒治獄》十六篇於《漢志》之中。據此可知，
　　董仲舒的著作是逐漸「輯綴」而成的，並非驟然成書。準此
　　而言，則今本所錄與班固所記不合，實為自然之現象，不足
　　為奇。《四庫全書總目》所論，即採取此一態度。至於以「繁
　　露」冠書名一事，余嘉錫曾指出：「古書之命名，多後人所追
　　題，不皆出於作者之手。」又云：「古人著書，多單篇別行；
　　及其編次成書，類出於弟子或後學之手。」[36]《春秋繁露》
　　既為後人輯綴而成，比觀余氏之說，則其書名自亦出於後人
　　追題。前人之說，已有此義。如蘇輿認為：「疑是後人雜採董
　　書，綴輯成卷，以篇名總全書耳。」[37]顧實亦云：「以《春秋

---

[36] 余嘉錫：《古書通例》，收入余嘉揚編：《余嘉錫說文獻學》（上海：上海古
　　籍出版社，2001年3月），頁187。
[37] 〔漢〕董仲舒撰、〔清〕蘇輿義證：《春秋繁露義證》（北京：中華書局，1996

繁露》名書，或後人捃集董事，綴緝叢殘，即以篇名總題書名，亦未可知。」[38]「《春秋繁露》」一名既出於後人所題，以此論斷真偽，恐疑之過當。

三、而第三點所述，僅顯示論者失察而已，並不足以論《春秋繁露》之真偽；其失上引樓鑰之說已駁之甚詳，茲不贅述。近人黃朴民在樓鑰之說的基礎上，透過今本《春秋繁露》與《漢書・董仲舒傳》相一致之處的比較，進一步論證《春秋繁露》為董仲舒所著。茲補充表列說明如下：[39]

| 出處 主題 | 《春秋繁露》 | 《漢書・董仲舒傳》 |
|---|---|---|
| 論元 | 是以《春秋》變一謂之元，元猶原也。其義以隨天地終始也。……故元者為萬物之本。（〈重政〉；頁 147） | 臣謹案《春秋》謂一元之意，一者萬物之所從始也；元者辭之所謂大也，謂一為元者，視大始而欲正本也。（頁 2502） |
| 論教化 | 聖人之道，不能獨以威勢成政，必有教化。故曰：「先之以博愛，教之以仁也。難得者，君子不貴，教以義也。雖天子必有尊也，教以孝也。必有先也，教以弟也。」此威勢之不足獨恃，而教化之功不大乎。（〈為人者天〉；頁 319-320） | 古之王者明於此，是故南面而治天下，莫不以教化為大務。立大學以教於國，設庠序以化於邑，漸民以仁，摩民以誼，節民以禮，故其刑罰甚輕而禁不犯者，教化行而習俗美也。（頁 2503-2504） |
| 論改制 | 今所謂新王必改制者，非改其道，非變其理，受命於天，易姓更王，非繼前王而王也。……故必徙居 | 故《春秋》受命所先制者，改正朔，易服色，所以應天也。（頁 2510） |

---

[38] 說見：《重考古今偽書考》（上海：大東書局，1926 年），頁 20-21。

[39] 表參黃朴民：《董仲舒與新儒學》（臺北：文津出版社，1992 年 7 月），頁 62-65。

年 9 月），頁 1。下引董生《春秋繁露》，即依此本。

| | | |
|---|---|---|
| | 處、更稱號、改正朔、易服色者，不敢不順天地明自顯也。若夫大綱、人倫、道理、政治、習俗、文義，盡如故，亦何改哉！故王者有改制之名，無易道之實。（〈楚莊王〉；頁 17-19） | 改正朔，易服色，以順天命而已，其餘盡循堯道，何更為哉！故王者有改制之名，亡變道之實。……道之大原出於天，天不變，道亦不變。（頁 2518） |
| 論災異譴告 | 凡災異之本，盡生於國家之失。國家之失，乃始萌芽，而天出災異以譴告之。譴告之而不知變，乃見怪異以驚駭之。驚駭之尚不知畏恐，其殃咎乃至。（〈必仁且智〉；頁 259） | 國家將有失道之敗，而天乃先出災害以譴告之，不知自省，又出怪異以警懼之，尚不知變，而傷敗乃至。（頁 2498） |
| 論義利 | 仁人者，正其道不謀其利，修其理不急其功，致無為，而習俗大化。（〈對膠西王越大夫不得為仁〉；頁 268） | 夫仁人者，正其誼不謀其利，明其道不計其功。（頁 2524） |
| 論陰陽形德 | 陽出實入實，陰出空入空，天之任陽不任陰，好德不好刑如是也。（〈陰陽位〉；頁 338）陽之出，常縣於前，而任歲事；陰之出，常縣於後，而守空虛；陽之休也，功已成於上，而伏於下；陰之伏也，不得近義，而遠其處也。天之任陽不任陰，好德不好刑如是。（〈天道無二〉；頁 345） | 是故陽常居大夏，而以生育養長為事；陰陽常居大冬，而積於空虛不用之處。以此見天之任德不任刑也。（頁 2502） |
| 論天 | 為生不能為人，人之人本於天，天亦人之曾祖父也。（〈為人者天〉；頁 318）父者，天之子也；天者，父之天也。無天而生，未之有也。天者萬物之祖，萬物非天不生。（〈順命〉；頁 410） | 臣聞天者群物之祖也。（頁 2515） |

如上表所列，〈本傳〉對策所涉及之所有論題，無不可於《春秋繁露》一書找到相類似之論點，僅文字有詳略之別，如是而已。以此觀之，《春秋繁露》為董仲舒所著，實不成問題；今本《春秋繁露》之所以脫誤、舛亂者，當與後人之整理、傳抄、翻印、排比不夠縝密有關。[40]

至於董生所著何時冠以「春秋繁露」一名，依現有資料觀之，當出於東漢之後。今檢《論衡・程材》云：「董仲舒表《春秋》之義，稽合於律，無乖異者。」[41]依《論衡》所錄，王充曾見董生之說；然彼時似未有「春秋繁露」一名，故王充未逕稱書名。又《論衡・案書》頗論及董仲舒，其說或言「董仲舒著書，不稱子者，意殆自謂過諸子也」、或曰：「案仲舒之書，不違儒家，不及孔子。」（頁 1170）是王充不僅曾見董生之說，且其說似業已編纂成「書」；惟彼時尚未以「春秋繁露」名書，故但曰「董仲舒表《春秋》之義」云云。降及唐代，魏徵撰《隋書》，始著錄「《春秋繁露》十七卷，漢膠西相董仲舒撰」，而唐初注史諸家，亦時或徵引「《春秋繁露》」之說。例如：

一、《史記・十二諸侯年表序》司馬貞《索隱》云：「作《春秋繁露》是。」（頁 510）

---

[40] 徐復觀之所以認為《春秋繁露》「只有殘缺，並無雜偽」，基本上仍從此一角度著眼。詳參《兩漢思想史》（臺北：臺灣學生書局，1989 年 9 月），卷二，頁 316。又，蘇安國以為，今本《春秋繁露》可作為考查董仲舒思想之文獻，惟其體例因經多次整理，故駁雜不純。而其用以證明此一論點者，亦是藉由〈天人三策〉與《春秋繁露》之比對。詳見〈今傳本《春秋繁露》真偽考〉，《山東圖書館學刊》，2007 年第 4 期（2007 年 12 月），頁 99-101。

[41] 〔漢〕王充撰、黃暉校釋：《論衡校釋》（北京：中華書局，1990 年 2 月），頁 542。

二、《漢書‧禮樂志》顏師古注云：「事見《春秋繁露》。」（頁 1063）

三、李賢注《後漢書》，引「《春秋繁露》」凡五見。[42]

除唐初史家外，彼時注經諸家，亦頗徵引「《繁露》」或「《春秋繁露》」之名，例如：

一、〈公羊序〉疏曰：「《繁露》云：『能通一經曰儒生，博覽群書號曰通儒。』」（頁 4）

二、《公羊傳‧莊公十三年》疏曰：「《繁露》云：『論功則桓兄文弟，論德則文兄桓弟。』」（頁 92）

三、《禮記‧文王世子》疏云：「董仲舒為《春秋繁露》，云成均為五帝之學。」[43]

四、《周禮‧春官宗伯下》注云：「前漢董仲舒作《春秋繁露》。繁，多；露，潤。為《春秋》作義，潤益處多。」[44]

凡此，皆足見以「《春秋繁露》」名董生之作，應在唐代以前，東漢以後。

---

[42] 見〔劉宋〕范曄撰：《後漢書》（北京：中華書局，1987 年 10 月），〈郎顗傳〉注，頁 1074；〈周變傳〉注，頁 1742；〈酷吏列傳〉注，頁 2503；〈禮儀志〉注，頁 3117；〈輿服志〉注，頁 3627。

[43] 〔漢〕鄭玄注、〔唐〕孔穎達正義：《禮記正義》（臺北：藝文印書館，1989 年 1 月，阮刻《十三經注疏》本），頁 396。

[44] 〔漢〕鄭玄注、〔唐〕賈公彥疏：《周禮注疏》（臺北：藝文印書館 1989 年 1 月，阮刻《十三經注疏》本），頁 337。

# 第三節 《春秋繁露》之内容

今本《春秋繁露》共八十二篇，已是殘卷。其中第三十九、四十、五十四為闕文，實僅存七十九篇。學界對這七十九篇之内容分類說法不一，茲簡述如下：

一、徐復觀所持之三分說：

(一)、董仲舒之春秋學。計有以下諸篇：從〈楚莊王〉第一到〈俞序〉第十七共十七篇，加上〈三代改制質文〉第二十三、〈爵國〉第二十八、〈仁義法〉第二十九、〈必仁且智〉第三十、〈觀德〉第三十三、〈奉本〉第三十四等六篇，共二十三篇。這二十三篇，皆以發明《春秋》大義為準。這構成《春秋繁露》的第一部分，是董氏的春秋學。

(二)、董仲舒所建立之「天的哲學」。計有如下諸篇：自〈離合根〉第十八起，至〈治水五行〉第六十一止，凡四十四篇，内除言《春秋》者五篇；論人性者二篇（案：指〈深察名號〉第三十五與〈實性〉第三十六兩篇），闕文三篇，以下的共三十四篇；再加上〈順命〉第七十、〈循天之道〉第七十七、〈天地之行〉第七十八、〈威德所生〉第七十九、〈如天之行〉第八十、〈天地陰陽〉第八十一、〈天道施〉第八十二等六篇，總共四十一篇，皆以天道的陰陽四時五行，作為一切問題的解釋、判斷的依據，而僅偶

25

及於《春秋》，這是董氏所建立的天的哲學，而成為《春秋繁露》中的第二部份。

(三)、由尊天而推及郊天與一般祭祀之禮，與當時朝廷禮制相關者，計有如下幾篇：〈郊語〉第六十五、〈郊義〉第六十六、〈四祭〉第六十八、〈郊祀〉第六十九、〈郊事〉第七十一、〈祭義〉第七十六。其餘〈執贄〉第七十二，乃禮之一端；〈山川頌〉第七十三乃董氏因山川興起的雜艾。故全書實由三個部份構成，而以第一第二兩部份為主。前一部份最高之準據為「古」、為「經」、為「聖人」；而後一部份之準據為「陰陽」、為「四時」，而以五行作補充。[45]

二、賴炎元所持之四分說：

(一)、從〈楚莊王〉第一到〈俞序〉第十七，共十七篇，主要是發揮《春秋》微言大義。

(二)、從〈離合根〉第十八到〈諸侯〉第三十七，共二十篇，主要是論君主治理國家的原則和方法，其中論述的對象包括正名、人性、仁義、禮樂、制度等方面。

(三)、從〈五行對〉第三十八到〈五行五事〉第六十四，以及〈天地之行〉第七十八到〈天道施〉第八十二，共三十篇，主要論天地陰陽的運轉，災異的發生和消除，闡發天人相應的道理。

---

[45] 徐復觀：《兩漢思想史》，卷二，頁 310-311。

(四)、從〈郊語〉第六十五到〈祭義〉七十六，共十二篇，論
　　　述祭祀天地、宗廟以及求雨、止雨的儀式和意義，發揮
　　　尊天敬祖的道理。[46]

三、黃朴民所持之三分說：

(一)、對《春秋》的解釋和闡發，即「本《春秋》以立論」者。
　　　又可分成兩類：一類是對《春秋》所載史實的具體解釋、
　　　闡發，這方面之篇目包括〈楚莊王〉、〈玉杯〉、〈竹林〉、
　　　〈玉英〉、〈精華〉、〈王道〉、〈滅國〉、〈隨本消息〉、〈盟
　　　會要〉、〈奉本〉、〈觀德〉、〈郊義〉、〈郊祭〉、〈順命〉等；
　　　另一類是對《春秋》主旨的抉微與總結，扼要論述《春
　　　秋》大義對現實政治的指導意義，這一類篇目主要包括：
　　　〈正貫〉、〈十指〉、〈重政〉、〈俞序〉、〈二端〉、〈符瑞〉、
　　　〈仁義法〉等。

(二)、記載董生相關言行，透過這些言行，反映出董仲舒的基
　　　本思想，其主要篇目有：〈郊事對〉、〈對膠西王越大夫
　　　不得為仁〉、〈五行對〉、〈止雨〉、〈堯舜不擅移湯武不專
　　　殺〉等。

(三)、吸收陰陽家、法家、墨家、道家之思想，並結合當時社會
　　　政治需要所創立的新說。主要篇目有：〈循天之道〉、〈實
　　　性〉、〈深察名號〉、〈五行相生〉、〈五行相勝〉、〈天道無二〉、
　　　〈陰陽出入〉、〈天辨在人〉、〈祭義〉、〈陰陽終始〉、〈陰陽

---

[46] 賴炎元：《春秋繁露今注今譯》（臺北：臺灣商務印書館，1984 年 5 月），〈自
序〉，頁 4-5。

義〉、〈王道通三〉、〈陽尊陰卑〉、〈為人者天〉、〈天容〉、〈五行五事〉、〈五行變救〉、〈基義〉、〈威德所生〉等。[47]

上引三家之說，其對於《春秋繁露》內容之分判，差異頗多。唯一相同的是：三家所論，皆認為《春秋繁露》內含董仲舒之「春秋學」。話雖如此，各家對於《春秋繁露》中那些篇目可以納入董仲舒「春秋學」此一範疇底下，意見則不一致：徐氏之說將「偶及」《春秋》，而其內容主要在談論天道、陰陽、四時、五行者列入「天的哲學」此一範疇；而賴說則是依照今本《春秋繁露》之順序依次論列，故〈離合根〉第十八以外，均排除在董仲舒春秋學之外；至於黃氏之說，則是將《春秋繁露》凡是對《春秋》所載史實作具體解釋、闡發，以及論述《春秋》大義對現實政治的指導意義者，均納入董仲舒春秋學之範疇，故其分判略有不同。為便下文討論，茲將三家之說表列如下：

| 論者<br>篇目 | 徐復觀 | 賴炎元 | 黃朴民 | 備註 |
|---|---|---|---|---|
| 〈楚莊王〉第一 | 春秋學 | 春秋學 | 春秋學 | |
| 〈玉杯〉第二 | 春秋學 | 春秋學 | 春秋學 | |
| 〈竹林〉第三 | 春秋學 | 春秋學 | 春秋學 | |
| 〈玉英〉第四 | 春秋學 | 春秋學 | 春秋學 | |
| 〈精華〉第五 | 春秋學 | 春秋學 | 春秋學 | |
| 〈王道〉第六 | 春秋學 | 春秋學 | 春秋學 | |
| 〈滅國〉第七 | 春秋學 | 春秋學 | 春秋學 | |
| 〈滅國〉第八 | 春秋學 | 春秋學 | 春秋學 | |
| 〈隨本消息〉第九 | 春秋學 | 春秋學 | 春秋學 | |

---

[47] 黃朴民：《董仲舒與新儒學》，頁 69-70。

| | | | | |
|---|---|---|---|---|
| 〈盟會要〉第十 | 春秋學 | 春秋學 | 春秋學 | |
| 〈正貫〉第十一 | 春秋學 | 春秋學 | 春秋學 | |
| 〈十指〉第十二 | 春秋學 | 春秋學 | 春秋學 | |
| 〈重政〉第十三 | 春秋學 | 春秋學 | 春秋學 | |
| 〈服制象〉第十四 | 春秋學 | 春秋學 | | |
| 〈二端〉第十五 | 春秋學 | 春秋學 | 春秋學 | |
| 〈符瑞〉第十六 | 春秋學 | 春秋學 | 春秋學 | |
| 〈俞序〉第十七 | 春秋學 | 春秋學 | 春秋學 | |
| 〈三代改制質文〉第廿三 | 春秋學 | | | 賴說列入論述君主治理國家的原則和方法一類。 |
| 〈爵國〉第廿八 | 春秋學 | | | 賴說列入論述君主治理國家的原則和方法一類。 |
| 〈仁義法〉第廿九 | 春秋學 | | 春秋學 | 賴說列入論述君主治理國家的原則和方法一類。 |
| 〈必仁且智〉第卅 | 春秋學 | | | 賴說列入論述君主治理國家的原則和方法一類；黃說對於此篇未有特別之論述。 |
| 〈觀德〉第卅三 | 春秋學 | | 春秋學 | 賴說列入論述君主治理國家的原則和方法一類。 |
| 〈奉本〉第卅四 | 春秋學 | | 春秋學 | 賴說列入論述君主治理國家的原則和方法一類。 |
| 〈郊義〉第六十六 | | | 春秋學 | 徐說列入由尊天而推及郊天及一般祭祀之禮一類；賴說列入論述祭祀天地、宗廟以及尊天敬祖一類。 |

| | | | | |
|---|---|---|---|---|
| 〈郊祭〉第六十七 | | | 春秋學 | 徐說列入由尊天而推及郊天及一般祭祀之禮一類；賴說列入論述祭祀天地、宗廟以及尊天敬祖一類。 |
| 〈順命〉第七十 | | | 春秋學 | 徐說列入天的哲學一類；賴說列入論述祭祀天地、宗廟以及尊天敬祖一類。 |
| 合計 | 廿三篇 | 十七篇 | 廿二篇 | |

　　如上表所示，就《春秋繁露》各篇自〈楚莊王〉第一至〈俞序〉第十七，可以納入董仲舒「春秋學」之範疇這點而言，三家所述，差異不大（僅黃說未將〈服制象〉第十四列入）。然自〈離合根〉第十八以下，三家所論，差異極大。之所以會產生此一差異，可能因素有三：

一、如前所述，各家之分判基準不同；分判基準既不相同，則其結論互有差異，實屬必然之現象；

二、各家對於《春秋繁露》各篇之內容的理解不盡相同；

三、各家對於「春秋學」之理解略有出入。

　　而其關鍵，則為第三項。蓋就文本內容之分判而言，論者必先有一對於「春秋學」之理解，而後方能依此理解，進而衡定《春秋繁露》各篇是否可以納入「春秋學」此一範疇。就此而言，本文認為賴說略有可議。蓋如前所述，《春秋繁露》一書乃後人「輯綴」而成，其編排次第並無一定之標準；若以今本次序定其內容，並據以分類，恐不妥當。

　　比較合理之分類方式，應是就《春秋繁露》各篇之內容加以分析，而後再加以判定。竊意以為，所謂「春秋學」，應是以《春秋》為研討之對象，並由此形成某種獨特之理論體系，此乃「春秋學」之所以成立的充要條件。既然「春秋學」是以《春秋》為研討之標的，則有關《春秋繁露》各篇那些可以納入「春秋學」此一範疇，在認定上不妨採取廣義之標準，以免因標準之不同而產生遺珠之憾。在此前提下，本文認為：《春秋繁露》所述，凡是論及《春秋》、或與《春秋》有關者，都可納入「春秋學」之範疇。倘以此為基準，則上表所列各篇，事實上都可納入董仲舒「春秋學」之範疇。本書有關董仲舒春秋學之探討，亦以表列諸篇為準的。

## 第四節　結語

　　兩漢儒學之興，其風雖可溯自高祖開國之際；然其蔚為大國，則自董生始。其中又以春秋公羊學的形成，與董生之關係最為密切。

　　檢諸古籍所載，董生所傳公羊學，其初本有一口授之傳統，且其文亦早已流傳於世；降及漢初，始著於竹帛，而成今日所見之文本。且彼時雖無「《公羊傳》」之「名」，然由「漢初公羊義盛行」、「學者引《春秋》必合於《公羊傳》」、以及「《春秋》博士成立於漢景帝時期」觀之，漢初卻早已有公羊學之實。而踵繼先哲之說，並加以增華拓衍者，即是董仲舒。故《史記》稱其「明於《春秋》」，《漢書》譽其「始推陰陽，為儒者宗」、「潛心大業，令後學者有所

統壹，為群儒首」。而其說《春秋》得失，主要見於《春秋繁露》〈楚莊王〉等二十餘篇。然歷來諸說，頗有疑《春秋繁露》為後人偽作者，惟檢諸各家所論，或緣於失查，或出於主觀偏見，率皆難以證成「偽作」之論。且比觀《漢書‧董仲舒傳》與《春秋繁露》所述，二者之文字雖有詳略之別，然其所涉核心意旨，實無二致。是今傳《春秋繁露》雖或已非董生原筆，然其內容，實出自董仲舒，為研究董仲舒學術思想之重要史料。而檢諸《春秋繁露》所述，其要又以「天之哲學的建構」與「《春秋》大義之詮釋」為主。又觀唐初注史、疏經諸家頗引「《春秋繁露》」一書，足見「《春秋繁露》」一名在唐代以前即已廣在學界流傳。

《春秋繁露》之內容出自董仲舒，且其說又以「天之哲學的建構」與「《春秋》大義之詮釋」為主，本書之作，即援以為據，並參酌《漢書‧董仲舒傳》所載相關內容，略探董生春秋學之理論基礎、詮釋方法及其相關理論。

# 天之哲學的建構
## 與《春秋》詮釋之開展

——董仲舒春秋學之理論基礎

# 第二章　天之哲學的建構
##　　　　與《春秋》詮釋之開展
### ——董仲舒春秋學之理論基礎

　　如前章所述，兩漢學風之轉折及公羊學之大興，實與董生之倡議、發明息息相關。然而，董生之學雖以《春秋》聞名，但這只是董生學說之一面。檢諸《史》、《漢》本傳及現存《春秋繁露》所述，董生除著意於《春秋》之闡釋外，尚有一重要之內容——天之哲學的建構。[1]這兩方面，共同交織成董生學說之主要面貌。歷來研究董生之說者，於這兩方面論述頗多；然作為一系思想體系，「天」與「春秋學」本不應斷而為二；惟此二者之關係為何，學界卻乏相應之討論。[2]以下即援董生之說，並參考近賢所論，對此論題略加說明，亦藉此以窺董生春秋學所賴以成立之基礎。

---

[1] 學界對於董生學說內涵劃分，諸家之說略有不同，然大體仍以此兩方面為主。至於諸說之劃分方式與理據，詳參本文首章所引徐復觀、賴炎元與黃朴民之說。

[2] 有關董生學說中天之意蘊及春秋學的研究，相關篇目頗多，詳參陳師麗桂主編：《兩漢諸子研究論著目錄》（臺北：漢學研究中心，1998 年 4 月、2003年 9 月、2010 年 6 月）。此《目錄》之編纂始於 1998 年，迄 2009 年，總計收錄 1912 年以來兩漢學術研究目錄一萬三千餘筆，與董生有關者約1130 筆。相關條目俱在，茲不贅舉。

# 第一節　天之哲學的建構

　　天之為義，先秦以來即有多種不同之內涵。[3]至於董生所謂之「天」，歷來所述，大體皆採「尋章摘句」之分析方式，援董生相關說法之「某段」或「某句」加以詮解，而後再指明「某段」或「某句」所出現之「天」的內涵。在此種解釋方式下，董生所謂之「天」，便呈現出多樣的涵義：至上神、萬物之本、道德義、自然義、天有十端、天為人君之化身等。[4]此種分析方式，雖有助於「樹」之個別理解，但似缺乏「林」之整體關照。蓋董生所述，於不同境態下雖或有其個別之側重點，但此個別之側重點並非個自獨立；在表層之多樣涵義下，實寓含共同之旨蘊，而終皆歸於一義。檢諸董生有關天之論述，其要不外「意志之天」與「氣化之天」兩大內容。而這兩項內容，又本諸同一旨意：天藉氣化之形式以見其意向之所

---

[3]　有關先秦典籍中「天」概念的運用情形，請參見向世陵、馮禹：《儒家的天論》（濟南：齊魯書社，1991 年 12 月），頁 277-281。

[4]　說參韋政通：《董仲舒》（臺北：東大圖書公司，1986 年 7 月），頁 65。歷來有關董仲舒天論之研究，其所得「細項」雖或有別，但解釋方式大體相同。相關研究，尚可參閱以下論著：1、羅光：〈董仲舒的天論〉，《哲學與文化》，第 18 卷第 6 期，頁 398-399；2、徐復觀：《兩漢思想史》（臺北：臺灣學生書局，1989 年 9 月），卷二，頁 387-420；3、賴炎元：《春秋繁露今注今譯》（臺北：臺灣商務印書館，1984 年 5 月），〈自序〉，頁 8-14；(4)、張立文主編：《天》（臺北：七略出版社，1996 年 11 月），頁 111-117；(5)、余治平：《唯天唯大：建基於信念本體的董仲舒哲學研究》（北京：商務印書館，2003 年 12 月），頁 85-119。

歸。換言之，「意志之天」才是董生天論之首義，其餘內涵，皆係此義展現於不同層面之結果。

## 一、天者，群物之祖

《漢書‧董仲舒傳》云：

天者，群物之祖也。（頁 2515）

《春秋繁露》則云：

天者，百神之君也，王者之所最尊也。（〈郊祭〉；頁 402）

天地者，萬物之本，先祖之所出也。廣大無極，其德昭明；歷年眾多，永永無疆。天出至明，知眾類也。（〈觀德〉；頁 269）

為生不能為人，人之人本於天（盧云：「人之人，疑當作人之為人」），天亦人之曾祖父也。（〈為人者天〉；頁 318）

父者，子之天也；天者，父之天也。無天而生，未之有也。天者萬物之祖，萬物非天不生。（〈順命〉；頁 410）

如董生所云，天實為「至上神」，且係一無限之存在：就空間而言，廣大無極；就時間而言，歷年眾多。此至上神，不僅主宰神之世界，同時也是人類以及宇宙萬物之最終根源。故又以天為「百神之君」、「群物之祖」。就人而言，《春秋繁露》云：

> 人之形體，化天數而成；人之血氣，化天志而仁；人之
> 德性，化天理而義。人之好惡，化天之暖清；人之喜怒，
> 化天之寒暑；人之受命，化天之四時。（〈為人者天〉；頁
> 318）

> 夫喜怒哀樂之發，與清暖寒暑，其實一貫也。……人生於天，
> 而取化於天。喜氣取諸春，樂氣取諸夏，怒氣取諸秋，哀氣
> 取諸冬，四氣之心也。（〈王道通三〉；頁 3330-331）

如董生所述，人既為天所生，故人之形體、血氣、德性、喜怒、哀
樂等，亦皆本諸於天。故天有陰陽，人亦「兩有貪仁之性」（〈深察
名號〉；頁 296）；天有四時，人亦有喜怒哀樂之心；天有五行，人
亦有五常之性（詳見《春秋繁露·五行相生》）。人體構造中的一切，
無論是外部之器官，抑或內部之五臟，亦皆取類於天。《春秋繁露·
人副天數》云：

> 人有三百六十節，偶天之數也；形體骨肉，偶地之厚也。上
> 有耳目聰明，日月之象也；體有空竅理脈，川谷之象也；心
> 有哀樂喜怒，神氣之類也。

> 是故人之身，首姿而員，象天容也；髮象星辰也；耳目戾戾，
> 象日月也；鼻口呼吸，象風氣也；胸中達知，象神明也；腹
> 胞實虛，象百物也。百物者最近地，故要以下地也。天地之
> 象，以要為帶。頸以上者，精神尊嚴，明天類之狀也；頸而
> 下者，豐厚卑辱，土壤之比也；足布而方，地形之象也。

> 天地之符，陰陽之副，常設於身，身猶天也，數與之相參，
> 故命與之相連也。天以終歲之末，成人之身。故小節三百六
> 十六，副日數也；九節十二分，副月數也；內有五臟，副五
> 行數也；外有四肢，副四時者也。（頁 354-357）

如董生所言，人之身體結構，由首而足，由外而內，無不偶天而成。
不僅如此，所有與人有關之秩序建置，亦皆本諸於天。《漢書·董
仲舒傳》載其說云：

> 道之大原出於天，天不變，道亦不變。（頁 2518）

> 故《春秋》受命所先制者，改正朔，易服色，所以應天也。
> （頁 2510）

《春秋繁露》則曰：

> 君臣、父子、夫婦之義，皆取諸陰陽之道。君為陽，臣為陰；
> 父為陽，子為陰；夫為陽，子為陰。（〈基義〉；頁 350）

> 是故仁義制度之數，盡取之天。（同上；頁 351）

> 王道之三綱，可求於天。（同上；頁 351）

> 行有倫理，副天地也。（〈人副天數〉；頁 351）

如董生所言，無論是象徵最高理想原則之「道」，或政治上之「改正
朔、易服色」，抑或道德倫理之「三綱」、「仁義制度」等，率皆依天
而立、準天而設。天，實為人倫秩序所賴以成立之超越根據。

## 二、仁之美者在於天

至於天之「意志」,一則體現為「仁」,再則表現為「氣化」之形式。其以天之意志為「仁」者,《春秋繁露》云:

> 仁,天心,故次之以天心。(〈俞序〉;頁161)

> 仁之美者在於天。天,仁也。天覆育萬物,既化而生之,有養而成之,事功無已,終而復始,凡舉歸以奉人,察於天之意,無窮極之仁也。人受命於天也,取仁於天而仁也。是故有父兄子弟之親(原作:「是故人之受命天之尊」,茲據盧文弨校改),有忠信慈惠之心,有禮義廉讓之行,有是非逆順之治,文理燦然而厚,知廣大有而博,唯人道為可以參天。(〈王道通三〉;頁329)

> 是以天高其位而下其施,……高其位,所以為尊也;下其施,所以為仁也。(〈天地之行〉;頁458)

> 天志仁,其道也義。(〈天地陰陽〉;頁467)

天之意志為「仁」,而人受命於天,故其存在屬性亦根源於天,同樣具有「仁」之本質,故曰「取於天而仁」。此處之「仁」,雖仍具儒家慣用之旨意,但其內涵實與孔孟所言之「仁義禮智」有別;其所側重者,乃天「覆育萬物」及「下施」之功用,並藉此以言天之志,故又云:「愛氣以生物,嚴氣以成功,樂氣以養生,哀氣以喪終,天之志也。」(〈王道通三〉;頁331)也正因為天以「仁」

為意志，故其表現為「道」，亦以「義」為依歸，而為事理之所當然者。人倫世界的種種規範之所以依天而立、準天而設，原因即在於此。

## 三、天有十端

至於天表現為「氣化」之形式者，董生云：

> 天有十端，十端而止已：天為一端，地為一端，陰為一端，陽為一端，火為一端，金為一端，木為一端，水為一端，土為一端，人為一端，凡十端而畢，天之數也。(〈官制象天〉；頁 216-217)

> 天、地、陰、陽、木、火、土、金、水，九，與人而十者，天之數畢也，故數者至十而止，書者以十為終，皆取之此。(〈天地陰陽〉；頁 465)

如上引文所示，董生係以「陰、陽、木、火、土、金、水」等，來規定天之「內容」；而陰陽、五行，又源於「天地之氣」。其說以為：

> 天地之氣，合而為一，分為陰陽，判為四時，列為五行。(〈五行相生；頁 362)

董生所論，基本上是以「氣」為基礎，建構一宇宙生化之模式。[5]而陰陽、五行，則為天地之氣分化之結果，同為氣化生萬物所不可或

---

5　韋政通云：「這合而為一的天地之氣，毫無疑問就是元氣，仲舒在這裡說的，是氣化宇宙論的基本模式。」說見：《董仲舒》，頁 73。至於董生此說在氣

缺之環節。換言之，董生所謂之「天」，實以「氣」為其內容。[6]比
觀前引董生「天者萬物之祖，萬物非天不生」之論，則天之生物，
實即透過氣化的形式來展現。天之「意志」，亦是如此。故云：

> 天統氣。（〈三代改制質文〉；頁 191）

> 天意難見也，其道難理，是故陰陽出入，虛實之處，所以觀
> 天之地志；辨五行之本末、順逆、小大、廣狹，所以窺天之
> 道也。（〈天地陰陽〉；頁 467）

如董生所述，天意雖然難見，但透過對於陰陽、五行之虛實、本末的
觀察與分辨，即可窺知天之意向。換言之，陰陽、五行實乃天意之具
體表現形式。天以氣的形式作為其意向之具體表徵，此乃董生對於
「天」之基本設定，亦為董生思想體系之核心。[7]以此為基礎，董生
進而將天與《春秋》嵌合為一，並逐步展開其《春秋》之詮釋。

---

化發展史之意義，說詳拙著：《東漢讖緯學研究》（臺北：國立臺灣師範大
學國文學系博士論文，2005 年 7 月），頁 157-158。

[6]　徐復觀以為：「所謂天有十端，是說天由十個基本因素所構成。」而此基本
因素，其實就是「氣」，故又曰：「氣乃天的構造的基本因素。」說詳：《兩
漢思想史》，卷二，頁 372-303。

[7]　曾振宇、范學輝以為：「董仲舒認為，在天與氣的關係上，天化生于氣，是
氣本原的外化物象之一；但是，天在董仲舒哲學認識論上的地位又不可混
同于地、人、金、木、水、火、土等實存，而是一種位居于宇宙萬物之上，
氣本原之下的一種存在。」說見：《天人衡中──《春秋繁露》與中國文化》
（開封：河南大學出版社，1998 年 8 月），頁 72。然前引董生之說明云「天
統氣」，天又如何位於氣之下？曾、范二家之說，恐有待商榷。

## 第二節　天與《春秋》之整合

《春秋》本為「史書」，專記魯隱公元年至哀公十四年，此二百四十二年之「史事」。惟先哲之說，並不純然從「史」的角度看待此書，而是認為其中寓含孔子立說之「微言大義」。最早提及此一說法者，應是《左傳》。〈成公十四年〉云：

> 故君子曰：「《春秋》之稱，微而顯，志而晦。婉而成章，盡而不汙，懲惡而勸善。非聖人誰能修之。」[8]

又，〈昭公卅一年〉云：

> 《春秋》之稱，微而顯，婉而辯，上之人能使昭明，善人勸焉，淫人懼焉，是以君子貴之。（頁930）

除《左傳》外，《孟子》、《荀子》、《莊子》、《禮記》、《史記》、《漢書》等，亦皆有類似之論。《孟子・滕文公下》：

> 世衰道微，邪說暴行有作，臣弒其君者有之，子弒其父者有之。孔子懼，作《春秋》。《春秋》，天子之事也。是故孔子曰：「知我者，其惟《春秋》乎？罪我者，其惟《春秋》乎？」[9]

---

[8] 〔晉〕杜預注、〔唐〕孔穎達正義：《春秋左傳正義》（臺北：藝文印書館　1989年1月，阮刻《十三經注疏》本），頁465。

[9] 〔漢〕趙岐注、〔宋〕孫奭疏：《孟子注疏》（臺北：藝文印書館，1989年1

《荀子‧勸學》：

> 《禮》之敬文也；《樂》之中和也；《詩》、《書》之博也；《春秋》之微也，在天地之閒者畢矣。[10]

《莊子‧天下》：

> 其在於《詩》、《書》、《禮》、《樂》者，鄒魯之士搢紳先生多能明之。《詩》以道志，《書》以道事，《禮》以道行，《樂》以道和，《易》以道陰陽，《春秋》以道名分。[11]

《禮記‧經解》：

> 孔子曰：「屬辭、比事，《春秋》教也。……屬辭、比事而不亂，則深於《春秋》者也。」（孔疏云：「『屬辭、比事，《春秋》教』也者，屬，合也；比，近也。《春秋》聚合會同之辭，是屬辭；比次褒貶之事，是比事也。」）[12]

《史記‧太史公自序》：

> 上大夫壺遂曰：「昔孔子何為而作《春秋》哉？」太史公曰：「余聞董生曰：『周道微廢，孔子為魯司寇，諸侯害之，大

---

月，阮刻《十三經注疏》本），頁 117。

[10] 〔周〕荀卿撰、〔清〕王先謙：《荀子集解》（北京：中華書局，1988 年 9 月），頁 12。

[11] 〔周〕莊周撰、〔清〕郭慶藩：《莊子集釋》（北京：中華書局，1961 年 7 月），頁 1067。

[12] 〔漢〕鄭玄注、〔唐〕孔穎達正義：《禮記正義》（臺北：藝文印書館，1989 年 1 月，阮刻《十三經注疏》本），頁 845。

夫雍之。孔子知言之不用，道之不行也，是非二百四十二
年之中，以為天下儀表，貶天子，退諸侯，討大夫，以達
王事而已。』夫《春秋》，上明三王之道，下辨人事之紀，
別嫌疑，明是非，定猶豫，善善、惡惡、賢賢、賤不肖，
存亡國，繼絕世，補敝起廢，王道之大者也。……《春秋》
辯是非，故長於治人。……《春秋》以道義。撥亂世，反
之正，莫近於《春秋》。《春秋》文成數萬，其指數千，萬
物之聚散皆在《春秋》。」……太史公曰：「……《春秋》
采善貶惡，推三代之德，褒周室，非獨刺譏而已也。」（頁
3297-3299）

《漢書・藝文志》：

> 昔仲尼沒而微言絕，七十子喪而大義乖。故《春秋》分為五。
> （頁1701）

上引諸書所述，其論《春秋》之「用語」雖有不同，然看法實無二
致：均認為《春秋》寓含孔子之「微言大義」或「一字褒貶」之筆
法。董生對於《春秋》之理解，基本上仍延續此一傳統；故其立論，
亦首重《春秋》微言大義之闡發。而其所用以詮釋《春秋》者，則
是特意將《春秋》與其所建構之天的哲學勾合為一，將《春秋》所
論，視為天意之體現。

## 一、《春秋》之道，奉天法古

《漢書·董仲舒傳》云：

> 孔子作《春秋》，上揆之天道，下質諸人情，參之于古，考
> 之於今。故《春秋》之所譏，災害之所加也；《春秋》之所
> 惡，怪異之所施也。（頁 2515）

《春秋繁露·楚莊王》則云：

> 《春秋》之道，奉天而法古。（頁 14）

如董生所述，孔子作《春秋》，乃揆諸天人、參酌古今而成。而其
立說之基礎，要有二端：「奉天」與「法古」。有關「天」之意旨，
前文已述之甚詳，茲不贅。至於「古」，檢諸《春秋繁露》所述，
董生之說，主要有三種不同用法：

一、泛指「過去」或「久遠」之年代，與「今」相對而言。例如：
　　「古今之學者異而問之。」（〈玉杯〉；頁 39）「古今雖久，以
　　是定矣。」（〈精華〉；頁 97）「自古至今，未嘗聞也。」（〈精
　　華〉；頁 97）此類用法，乃一般之常辭，並無深義。

二、泛指夙昔之典型或可為法式之制度。就前者而言，董生之說屢
　　見藉「古之人」、「古之王」、「古之聖人」[13]以為立論之張本者，

---

[13] 相關說法，詳見《春秋繁露》〈精華〉、〈天道無二〉、〈循天之道〉、〈三代改
　　制質文〉、〈深察名號〉、〈諸侯〉、〈陽尊陰卑〉等篇，茲不備引。

此類之「古」，殆指「往聖先賢」而言。至於與古代制度有關者，董生之說亦屢見其義。《春秋繁露》云：

古者，諸侯出疆，必具左右，備一師，以備不虞。（〈王道〉；頁 125）

古者，人君立於陰，大夫立於陽，所以別位，明貴賤。（〈王道〉；頁 125-126）

古之王者受命而王，改制稱號正月，服色定，然後郊告天地及群神，遠追祖禰，然後布天下。（〈三代改制質文〉；頁 195）

古者天子衣文，諸侯不以燕，大夫衣褖，士不以燕，庶人衣縵，此其大略也。（〈度制〉；頁 223）

諸侯大國四軍，古之制也。（〈爵國〉；頁 239）

故其在禮亦曰：喪者不祭，唯祭天為越喪而行事。夫古之畏敬天而重天郊如此甚也。（〈郊祭〉；頁 404）

所聞古者天子之禮，莫重於郊。（〈郊祀對〉；頁 414）

以上所引，涉及「王者之道」、「度制之理」、「爵國之要」、「郊祭之禮」、「改制之法」等「制度」層面之問題；此類制度雖為過往之所設，但董生仍援以立論，足見此類「古制」，仍有其效法之價值。以此觀之，董生所謂之「古」，無論其為「可法之人」，或為「可法之制」，皆係從「正面」角度立意；「古」

在董生之用法中，實為「理想之典範」或「可循之常法」。此
類用法，殆亦儒者論古之通義。[14]

三、專指《春秋》論世之常法。此類用法，與董生之《春秋》詮
　　釋密切相關，亦與上揭古義互為表裡。檢諸董生所論，除上
　　引《漢書‧董仲舒傳》及《春秋繁露‧楚莊王》所載外，尚
　　有以下諸例：

　　《春秋》之於世事也，善復古、譏易常，欲其法先王也。(〈楚
　　莊王〉；頁 15)

　　《春秋》論十二世之事，人道浹而王道備。……其居參錯，
　　非襲古也。(〈玉杯〉；頁 32)

　　《春秋》記纖芥之失，反之王道，追古貴信，結言而已。(〈王
　　道〉；頁 121)

　　《春秋》之法，上變古易常，應是而有天災者，謂幸國。(〈必
　　仁且智〉；頁 260)

如董生所言，《春秋》重「復古」，但並非全然「襲古」；而其所謂
「古」，又皆與「常」相對而言。換言之，《春秋》所重之「古」，
殆就其可為「常法」之處而說，並非「唯古是從」。所謂「非襲古」，
其義在此。至於「常法」之所指，依上引文觀之，不外「法先王」
與「反王道」。故又云：「雖有知心，不覽先王，不能平天下。然則

---

[14] 依王邦雄等所見，儒家所謂之「古」，大體皆指向「列祖列宗」或「歷史文
化傳統」這兩個層面。說參王邦雄、曾昭旭、楊祖漢：《論語義理疏解》(臺
北：鵝湖出版社，1985 年 10 月)，頁 276。

先王之遺道，亦天下之規矩六律已！」（〈楚莊王〉；頁 14）總歸而言，即歸返「先王之道」。然〈王道〉又云：「道，王道也。」（頁101）是所謂歸返先王之道，實即歸返於「道」。「法古」，實即「法道」。然何謂「道」，董生云：

> 樂而不亂、復而不厭者謂之道。道者，萬世亡弊；弊者，道之失也。（《漢書・董仲舒傳》；頁 2518）

如〈董仲舒傳〉所述，道「復而不厭」、「萬世亡弊」；換言之，董生所謂之「道」，實具「整全」及「亙古不變」之特質。至於「道」之內涵，《春秋繁露・楚莊王》云：

> 今所謂新王必改制者，非改其道，非變其理。……若大綱、人倫、道理、政治、教化、習俗、文義盡如故，亦何改哉？故王者有改制之名，無易道之實。（頁 17-18）

如〈楚莊王〉所述，王者雖有改制之名，但無易道之實；是依董生，道不可改，理亦不可變。而不可改、不可變者，則為「大綱、人倫、道理、政治、教化、習俗、文義」等，此即董生所謂「道」之內涵。而其核心，尤在維繫人類存在之整體的「文化建構」上。惟依董生所述，此王道之根基，又在於「天」。故前引董生之說曰：

> 道之大原出於天，天不變，道亦不變。
>
> 是故仁義制度之數，盡取之於天。
>
> 王道之三綱，可求於天。
>
> 行有倫理，副天地也。

道既「原出於天」，且「天不變，道亦不變」，是董生之天，又實為道之超越基礎。故云：「聖人法天而立道。」（《漢書・董仲舒傳》；頁 2515）道以天為基礎，則「法道」，實即「法天」。又比觀前文「法古」即「法道」之說，則「法古」者，實即「法天」。換言之，董生所謂「奉天法古」，其名有別，其實則一：法古，即是奉天。[15]

如上所述，董生所謂之「古」，殆指「理想之典範」或「可循之常法」而言，而其要旨，則歸本於維繫人類存在之整體的文化建構上。此一整體的文化建構，統言之曰「道」，細言之曰「大綱」、「人倫」、「道理」、「政治」、「教化」、「習俗」與「文義」。惟依董生之意，此亙古不變之道，又以「天」為其根源，「法古」實即「法天」，「天」才是《春秋》立意之基礎。以天為《春秋》立意之基礎，孔子作《春秋》，即有其源於天之形上依據；而就董仲舒而言，亦完成其《春秋》詮釋之首務——將「天」與《春秋》嵌合為一。

## 二、《春秋》之辭，體天之微

將「天」與《春秋》嵌合為一，此為董生《春秋》詮釋之首部曲。在董仲舒的解釋下，《春秋》已不再是孔子私意之所為，而係「奉天」之作，有其形上之根源。然回歸《春秋》之作，其用以體現撰述旨要者，無非「文辭」而已矣。故董生於確立《春秋》撰

---

[15] 韋政通以為：「仲舒的法古，與一般所說的復古不同。……『古』代表一種『超驗理想』，所以法古等於法道，而『道之大原出於天』，在深層的意義上，法古無異法天，奉天、法古實乃同一個原則。」《董仲舒》，頁 39。其說甚是。

作之形上基礎後，又進一步回歸經文本身，認為《春秋》之遣詞用字，亦皆體現天之微旨。《春秋繁露・精華》云：

> 今《春秋》之為學也，道往而明來者也。然而其辭體天之微，故難知也。弗能察，寂若無；能察之，無物不在。（頁96）

如董生所述，《春秋》之「辭」之所以「難知」，係因「體天」之故；易言之，《春秋》之「辭」，實即「天」之微旨的體現。前引《漢書・董仲舒傳》之所以認為「《春秋》之所譏，災害之所加也；《春秋》之所惡，怪異之所施也」，原因即在於此。以《春秋》之辭體現天之微旨，此為董生《春秋》詮釋之二部曲。依此進路，孔子之所以作《春秋》，實乃本諸天意而為；整部《春秋》，實即天意之體現。既然《春秋》體現著天意，則論《春秋》者，自然必須以天為準則，透過天以通貫《春秋》之理。董生之說，即是如此。

# 第三節　《春秋》詮釋之開展

將天與《春秋》整合為一，進而以《春秋》之辭為天意之體現，此乃董生之「發明」，亦為董生《春秋》詮釋之一大特徵。在此基礎上，董生進而繙引比類《春秋》之辭，藉《春秋》之辭的歸結董理，展開其《春秋》要旨之詮解。檢諸今本《春秋繁露》所述，董生之說凡涉及「《春秋》之義」、「《春秋》之道」、「《春秋》立義」、甚或「《春秋》……」者，大體皆與《春秋》詮釋有關。如〈王道〉云：

《春秋》立義：天子祭天地，諸侯祭社稷，諸山川不在封內
不祭；有天子在，諸侯不得專地，不得專執天子之大夫，不
得舞天子之樂，不得致天子之賦，不得適天子之貴；君親無
將，將而誅；大夫不得世，大夫不得廢置君命；立適以長不
以賢，立子以貴不以長，立夫人以適不以妾；天子不臣母后
之黨，親近以來遠，未有不先近而致遠者也。故內其國而外
諸夏，內諸夏而外夷狄，言自近者始也。

《春秋》之義，臣不討賊，非臣也；子不復仇，非子也。故
誅趙盾賊不討者，不書葬，臣子之誅也。（頁 112-117）

惟此類說法過於瑣碎，且其義大體已見《公羊傳》（詳參蘇輿《義
證》），並非董生之所獨創，故不詳述。就「創發性」與「理論性」
之角度而言，董生所解《春秋》大義，其要有四：「二端」、「三統」、
「五始」與「六科」。此數說之相關內涵，下文另有專章討論，此
處但就其與「天」之關係略作分述，以見董生以天為基礎所建構之
春秋學的大致面貌。

## 一、《春秋》至意：二端

《春秋繁露·二端》云：

《春秋》至意有二端，不本二端之所從起，亦未可與論災異
也，小大微著之分也。夫覽求微細於無端之處，誠知小之將
為大也，微之將為著也。……故書日蝕、星隕、有蜮、山崩、
地震、夏大雨水、冬大雨雹、隕霜不殺草、自正月不雨至於

秋七月、有鸛鵒來巢。《春秋》異之，以此見悖亂之徵。……
然而《春秋》舉之以為一端者，亦欲其省天譴而畏天威，內
動於心志，外見於事情，修身審己，明善心以反道者也，豈
非貴微重始、慎終推效者哉！（頁 155-156）

如董仲舒所述，「二端」乃《春秋》「至意」之所在；而其內涵，則
指向「災異」與「人事」；要在彰顯天變與人事之對應關係，並由
此以推災異之應。且觀上引文所述，其要尤在「災異」一端。

　　董生以「災異」為《春秋》之「至意」，與《春秋》之文字記
錄有關。據學者統計，《春秋》二百四十二年，所書天災異變，百
有二十餘起。[16]孔子何以如此著意於天災異變之紀錄？依董生所
見，蓋欲人君「省天譴而畏天威」，繼而「明善心以反道」。換言之，
孔子之所以逢災必書，見異必錄，實在於體現天之「善意」，藉此
譴告人君修德行善以返歸於道。然《春秋》所錄有蝕、山崩、地震、
雨水、不雨等，其於國計民生影響至大，何以知其為天之「善意」？
〈王道通三〉云：

仁之美者在於天。天，仁也。……察於天之意，無窮極之仁
也。（頁 329）

---

[16] 《春秋》所記天災異變，學者所述，數目略有不同。姜敏芳謂有「138」則，
　　說見：〈公羊傳災異說考辨〉，《孔孟學報》，第 73 期，頁 51；岩本憲司勘
　　定為「139」條，說詳：〈災異說の構造解析──何休の場合〉，《中國研究
　　集刊》第 17 號（1995 年 10 月），頁 70；王保頂則有稱「書災異一百二十
　　二例」，說見：〈儒學文化視野中的災異觀及其意義──以漢代為例〉，《孔
　　孟月刊》，第 35 卷第 4 期（1996 年 12 月），頁 22。

天為無窮極之仁，而《春秋》所述，又為天意之體現；是依董生之意，《春秋》之所以書災錄異，實乃「察於天之意」而為之；而天之意乃「無窮極之仁」，故書災記異，又實為「天志仁」之體現。以此觀之，董生之所以視災異為《春秋》之至意，其說雖或有文本紀錄為依歸，然其用以用建立此說之基礎，實歸本於董生所建構之天的哲學。

## 二、王者之法：三統

《春秋繁露・三代改制質文》云：

《春秋》曰：「王正月。」傳曰：「王者孰謂？謂文王也。曷為先言王而後言正月？王正月也。」何以謂之王正月？曰：「王者必受命而後王。王者必改正朔，易服色，制禮樂，一統於天下，所以明易姓非繼人，通以己受之於天也。王者受命而王，制此月以應變，故作科以奉天地，故謂之王正月也。」

《春秋》應天作新王之事，時正黑統。王魯，尚黑，絀夏、親周、故宋。……然則其略說奈何？曰：「三正以黑統初。」正黑統奈何？曰：「正黑統者，歷正日月朔於營室，斗建寅。天統氣始通化萬物，物見萌達，其色黑。」……正白統奈何？曰：「正白統者，歷正日月朔于虛，斗建丑。天統氣始蛻化物，物始芽，其色白。」……正赤統奈何？曰：「正赤統者，歷正日月朔于牽牛，斗建子。天統氣始施化物，物始動，其色赤。」

> 《春秋》當新王者奈何？曰：「王者之法，必正號，紬王謂之
> 帝，封其後以小國，使奉祀之。下存二王之後以大國，使服其
> 服，行其禮樂，稱客而朝。……《春秋》作新王之事，變周之
> 制，當正黑統。而殷周為王者之後，紬夏改號禹謂之帝，錄其
> 後以小國，故曰紬夏、存周，以《春秋》當新王。」

上引董生之說，涉及歷史發展之形式架構、改制作科及《春秋》
當新王等論題。因朝代更迭依「黑統→白統→赤統」之統序循環
發展，故謂之「三統」。且如上引文所示，董生所建構之三統說，
實依「天所統轄之氣化運行」而設。故曰：「正黑統者，……天統
氣始通化萬物，……其色黑」、「正白統者，……天統氣始蛻化
物，……其色白」、「正赤統者……天統氣始施化物，……其色赤。」
而在三統架構下之所以必須改制作科，則是：「明易姓非繼人，通
以己受之於天也。王者受命而王，制此月以應變，故作科以奉天
地。」亦是本於天之所命。而「《春秋》當新王」，則為三統架構
下之必然趨勢，同為天命之所歸，故曰：「《春秋》應天作新王之
事」。換言之，董生依《春秋》所建構之「三統說」，實亦以「天」
作為最終根據。

## 三、正統之要：五始

「五始」之名，最早見於《漢書‧王褒傳》。其文云：「共惟《春
秋》法五始之要，在乎審己正統而已。」（頁 2823）如班書所錄，
《春秋》有「五始」，且其說涉及王者受命之「正統」問題；此一

觀念，至遲在西漢中葉即已出現。至於「五始」之實際內涵，李賢
注引張晏曰：

> 《春秋》稱「元年春王正月」，此五始也。（頁 2824）

惟張氏所云，無論從字數或內容上來說，都不足以合「五始」之數。
李賢注引顏師古則云：

> 元者氣之始，春者四時之始，王者受命之始，正月者政教之
> 始，公即位者一國之始，是為五始。（頁 2824）

今案：「元年春王正月」，此乃《春秋》之首句。依公羊、穀梁二家
之理解，孔子之所以於《春秋》首書「元年春王正月」者，實寓有
其深刻之用意。以《公羊傳》為例，其說云：

> 元年者何？君之始年也。春者何？歲之始也。王者孰謂？謂
> 文王也。曷為先言王而後言正月？王正月也。何言乎王正
> 月？大一統也。公何以不言即位？成公意也。何成乎公意？
> 公將平國而反之桓。（頁 8-10）

如《公羊傳》所云，《春秋》之所以首記「元年春王正月」而不及
「公即位」者，實為玉成隱將讓位於桓之志，故略而不書。略而不
書，但其義實已有之，故後世均就此以言「五始」之意。如《公羊
傳・隱公元年》疏引何休《文諡例》云：

> 五始者，元年、春、王、正月、公即位是也。（頁 7）

《春秋緯》則云：

> 黃帝受圖，有五始：元者，氣之始；春者，四時之始；王者，
> 受命之始；正月者，政教之始；公即位者，一國之始。[17]

兩漢文獻明確指陳「元年、春、王、正月、公即位」為「五始」者，
其說實首見於此。惟緯書作者欲神其事，故又將之歸於黃帝所受「天
書」。今案：《春秋》本為史書，所謂「元年春王正月」者，其初本
係「紀年」之用語，並無任何特殊之意義。首先賦予此句以濃厚之
「政治」性格者，實為董仲舒。《春秋繁露》云：

> 《春秋》何以貴乎元而言之？言本正也。王者，人之始也。王
> 正則元氣和順，風雨時，景星見，黃龍下。（〈王道〉；頁101）

> 謂一元者，大始也。知元年志者，大人之所重，小人之所
> 輕。……惟聖人能屬萬物於一，而繫之元也。……是以《春
> 秋》變一謂之元，元猶原也，其義以隨天地終始也。……故
> 元者為萬物之本，而人之元在焉。安在乎？乃在乎天地之
> 前。……故春正月者，承天地之所為也。……是故《春秋》
> 之道，以元之深，正天之端；以天之端，正王之政；以王之
> 政，正諸侯之即位；以諸侯之即位，正竟內之治。五者俱正，
> 而化大行。（〈玉英〉；頁67-70）

---

[17] 安居香山、中村璋八編：《緯書集成》（石家莊：河北人民出版社，1994年
12月），頁902。

> 《春秋》曰：「王正月」。……何以謂之王正月？曰：王者必
> 受命而後王。王者必改正朔，易服色，制禮樂，一統於天下，
> 所以明易姓非繼人，通以己受之於天也。王者受命而王，制
> 此月以應變，故作科以奉天地，故謂之王正月也。(〈三代改
> 制質文〉；頁 184-185)

如董生所述，《春秋》之所以首書「元年春王正月」，並「變一而為
元」，實寓有兩層重要旨意：
一、元為天地萬物之本，故首書「元」以貞定天地萬物之序位；
二、王者必受命而後王，故書「王正月」，以明其所受於天之意。
　　以此觀之，董仲舒對於《春秋》「元年春王正月」此「五始」
之解說，蓋亦以其所建構之天的哲學為基礎。

## 四、《春秋》大義：六科

　　至於「六科」之論，《春秋繁露・正貫》云：

> 《春秋》，大義之所本耶？六者之科，六者之指之謂也。然
> 後援天端，布流物，而貫通其理，則事變散其辭矣。故志得
> 失之所從生，而後差貴賤之所始矣；論罪源深淺、定法誅，
> 然後絕屬之分別矣；立義定尊卑之序，而後君臣之職明矣；
> 載天下之賢方，表謙義之所在，則見復正焉耳；幽隱不相踰，
> 而近之則密矣，而後萬變之應無窮者，故可施其用於人，而
> 不悖其倫矣。(頁 143)

如董生所述，《春秋》大義凡有六項，故謂之「六科」；之所以歸納出六科，則是「援天端，布流物，而貫通其理」後所得之結果。而所謂「天端」，依前文所述，實即「陰、陽、木、火、土、金、水」等，是「六科」之基礎，亦源自於「天」。

如上所述，董生解會《春秋》所得之「二端」、「三統」、「五始」、「六科」等要旨，其立論之所由，皆歸本於其所建構之天的哲學。「天」，才是董仲舒春秋學所賴以形成之基礎。

# 第四節　結語

董生之學，其要有二：「天之哲學的建構」與「《春秋》大義之詮釋」。就董仲舒而言，天是「至上神」，不僅為百神之大君，更是人類及宇宙萬物之根源。而此至上之神，其意志之展現，則是藉由氣化之形式，表現為陰陽五行之運作。將「意志之天」與「氣化之天」結合為一，並以氣之運化作為天之意向的具體表現，此為董生天論之最大特色。以此為基礎，其具現於《春秋》詮釋者，則是特意將《春秋》與天整合為一，視《春秋》為天意之展現。然以《春秋》為天意之體現，此義前所未有；必有相當之理據，而後方能證成其說。為此，董生分別從形上之源、文字表述與義理內容三個角度切入，逐步展開其相關理論：

一、首揭《春秋》奉天而作之旨，奠定《春秋》撰作之形上基礎。

董生認為，孔子作《春秋》，乃揆諸天人，參酌古今而成；而

其立說之基礎，雖曰「奉天」與「法古」；但其最終根源，實亦本諸於天。

二、《春秋》撰作之形上基礎既明，董生又回歸經文本身，認為《春秋》之遣詞用字，在在皆體現天之微旨，故曰「《春秋》之辭，體天之微」。

三、《春秋》之辭既為天之微旨的體現，則依於《春秋》文辭而有之義理內容，自亦與天之微旨相關。緣此而有「二端」、「三統」、「五始」、「六科」之說的提出。

藉由上述步驟，董生不僅將天與《春秋》詮釋整合為一，更緣此逐步展開其有關《春秋》詮釋之理論。而首出之旨，又在於天；天之哲學，實為董生《春秋》詮釋之基礎。

# 文字深層意義的探索

## ——董仲舒春秋學之詮釋方法

# 第三章　文字深層意義的探索
## ——董仲舒春秋學之詮釋方法

　　以《春秋》內涵孔子立說之「微言大義」，此乃董生對於《春秋》之基本理解。然此「微言大義」又應如何探尋？此即涉及「解讀」與「詮釋」兩方面之問題。「解讀」與「詮釋」，分別代表研究過程中兩個非常重要的階段，前者為後者之基礎，後者則為前者之目的。一般而言，任何語言文字之表述，皆有其特定之「語意限制」；「能指」與「所指」之間，也必存有一定之「邏輯關係」。從此一角度來說，當先哲透過某些語詞（或概念）以表述其對於某些問題之見解時，其所使用之語詞，也必有一定之脈絡可尋。既然語言文字在表達上都有其邏輯關係與語意限制，則論者在「解讀」經典所使用之概念時，首先就可透過文法、語法等條件的探索，以瞭解其遣詞用字之基本特徵，從而歸納比對，進一步釐清其所使用之詞語（或概念）的確切意涵。此種對於文本之認識，乃瞭解先哲學說之先期程序，可稱之為「文義解釋」。就《春秋》之解讀而言，無論學者對《春秋》之性質抱定何種態度，一旦進入「意義」之理解，此一程序仍舊不可或缺；因此，論及董仲舒春秋公羊學之詮釋方法，首先就必須瞭解董仲舒「解讀」《春秋》之基本進路。

　　至於「詮釋」，其所涉及者，則是語言文字在文本中的「特殊意義」及「可能意義」。[1]且先哲之說，頗有藉詮釋經典以表達個

---

[1] 　學者對於「詮釋」之問題，有「合理性詮釋」與「創造性詮釋」兩種說法。

人哲學（或經學）思想者；因此，「特殊意義」與「可能涵義」的探尋，反倒成為瞭解先哲思想的主要關鍵。職是之故，雖說詮釋原典必須以文義解釋為基礎，但文義解釋僅是詮釋之「先期程序」，不能決定讀者對於文本之「特殊體認」，以及讀者個人之「創造詮釋」。而讀者對於文本之「特殊體認」及「創造詮釋」，正是儒家經典之以歷久彌新的重要因素。董生之《春秋》詮釋，實亦奠基於此。

## 第一節　《春秋》詮釋之法則

《春秋繁露・玉杯》云：

> 《春秋》論十二世之事，人道浹而王道備。法布二百四十二年之中，相為左右，以成文采。其居參錯，非襲古也。是故論《春秋》者，合而通之，緣而求之，五其比，偶其類，覽其緒，屠其贅，是以人道浹而王法立。以為不然？今夫天子踰年即位，諸侯於封內三年稱子，皆不在經也，而操之與在經無異。非無其辨也，有所見而經安受其贅也。故能比貫類、以辨附贅者，大得之矣。（頁 32-33）

---

前者說參袁保新：《老子哲學之詮釋與重建》（臺北：文津出版社，1991 年），頁 77；後者請參閱傅偉勳：〈創造的詮釋學與思維方法論〉，收入氏著：《學問的生命與生命的學問》（臺北：正中書局，1994 年 1 月），頁 220-247。依傅氏之說，詮釋可分為「實謂」、「意謂」、「蘊謂」、「當謂」、「創謂」等層次；本文所稱「文義解釋」，略同於前兩項；而「特殊意義」及「可能涵義」之說，則略同於後三者。惟傅氏之說，陳義甚高；本文所論，但求揭示董生立說之旨要而已。

此段文字，為董生推求《春秋》「微言大義」之基本法則。蘇輿《義證》云：「此董子示後世治《春秋》之法。合而通之，合全書以會其通，如傳聞、所聞、所見異辭之類是也。緣而求之，謂緣此以例彼，如不與諸侯專封例貶，而殺慶封稱楚子知為侯伯討之類是也。『五其比、偶其類』，此見于經，有類可推者也。『覽其緒、屠其贅』，此不見于經，餘義待伸者也。」（頁 33）如蘇輿所釋，董生所述《春秋》詮釋之法則，又可細分為三個層次：

一、合而通之，緣而求之。所謂「合而通之」，是指綜觀全書，並進而推求其所以通貫全書的原則；而「緣而求之」，則是指順著《春秋》之語義脈絡，以求其語言文字之意義。此即本文所謂之「文義解釋」。

二、五其比、偶其類、覽其緒、屠其贅。此乃董生通貫《春秋》後，所指出之更高層次的詮釋法則。依董生所述，論《春秋》，首先要「排列」《春秋》在各種不同情境下所使用的語言文字，而後按照「類別」加以「聚合」，進而發現其「統緒」，以進一步辨析經文所未明言之旨意。其所欲推求者，實為《春秋》之「辭」在各種不同情境下所呈現的「特殊意義」。很顯然的，董仲舒並未執著於「文義解釋」之層次。合而通之、緣而求之、排列類別、聚合統緒等，皆僅為詮釋之先期程序而已；比貫類以後之「辨附贅」——《春秋》「餘義」之闡發，才是董生《春秋》詮釋之最終目的。

三、《春秋》餘義之推衍。如董生所述，藉由上述程序，論者即可獲得「王道浹而王法立」之結論。而此結論，「皆不在經也」。然而，「王道浹而王法立」雖「不在經」，但卻能「操之與在經

無異」者，殆緣於「有所見而經安受其贄」。換言之，此一結論，並非緣於經文所載；而係董生剖析經文後，所「發現」之孔子作《春秋》時所未「明確指陳」之涵義（即闡發《春秋》之「微言大義」）。而「經」之所以「安受其贄」者，則因「有所見」。此「有所見」，即為董生之「創造詮釋」。而欲透過《春秋》闡發孔子所未「明確指陳」之涵義，此即進入本文所謂「可能涵義」之層次。

以上為董生解讀《春秋》之基本法則。總括其要，其義殆指：解讀《春秋》，必須由「文義解釋」進至於「特殊涵義」之闡發，而後乃能發明《春秋》之「可能涵義」。而此「可能涵義」，實即歷來論者所謂《春秋》「微言大義」之所在。而欲進至此一層次，「文字」即成必須超越之「障礙」──超越文字，方能體會文字之真義。此義實不難索解。蓋論者若執著於「文字」之解析，則眼界所及，就只能停留在「合而通之、緣而求之、排列類別、聚合統緒」之層次，亦即資料之蒐集、整理、歸納與分析，而此類步驟，只能探知概念之含義與經典之意向，卻難以掘發概念之「特殊意義」與經典之「可能涵義」。因此，董生對於《春秋》之「文」採取何種態度，即成董生能否「發明」《春秋》大義之關鍵。

# 第二節　《春秋》語辭之解讀

　　如前所述，詮釋之基礎，首在於原典之閱讀；而閱讀原典，首先必須觸及者，即為文義之解釋。然而，由於《春秋》言簡義賅，欲藉文義解釋以推闡其中所蘊哲理，勢必存在某些限制。於是，董仲舒發展出一套特殊的解讀策略：解讀《春秋》，不能執著於語言文字之表層涵義；微言大義之探索，必須深入語言文字之底層。惟有如此，方能發掘《春秋》所蘊「特殊意義」與「可能涵義」。檢諸《春秋繁露》，董生對於《春秋》之「辭」，有如下之說明：

　　《春秋》之辭，多所況，是文約而法明也。（〈楚莊王〉；頁3）

　　《春秋》無通辭，從變而移，今晉變為夷狄，楚變為君子，故移其辭以從其事。（〈竹林〉；頁46）

　　故說《春秋》者，無以平定之常義，疑變故之大則，義幾可諭矣。（〈竹林〉；頁55）

　　《春秋》之書事時，詭其實以有避也。其書人時，易其名以有諱也。……然則說《春秋》，入則詭辭，隨其委曲而後得之。（〈玉英〉；頁83）

　　《春秋》無達辭，從變從義。（〈精華〉；頁95）

如董生所述，《春秋》之「辭」，實具有如下之特點：

一、《春秋》之辭，多所況。依董生所見，《春秋》所述事理，每每運用「比喻」之方式，援引兩事物相類似之一端以互為說明。既是透過「比喻」之方式，則理解《春秋》，自然不能執著於文字之表層意義。惟有深入語言文字之背後，方能發掘《春秋》所蘊意旨。

二、《春秋》「無通辭」、「無達辭」。其義殆謂：《春秋》書事，其所使用之語言文字，並無一定的論述方式或基準。既然沒有一定之基準可循，則理解《春秋》，就必須依照各種不同的情況，而予以適當的解說，不能執著於單一的文字意義，故而有「從變從義」、「移其辭以從其事」之說。

三、《春秋》「從變從義」、「移其辭以從其事」。其義殆謂：《春秋》推明事理，其所注重者，實為「義」與「事」之變化；隨順情境之變化而予以適當之解說，才是《春秋》語言文字的最大特點。故又云：「無以平定之常義，疑變故之大則。」既然《春秋》之辭從變而移，辭乃依事而變化，則語言文字本身就只有「陳述」之作用；至於意義的判斷，就必須「隨其委曲而後得之」，有待論者進一步去發掘。而此「待發掘」者，即是《春秋》之辭的「可能涵義」或「特殊意義」。此即董生之「發明」，亦為董生春秋學之主要特點。[2]

---

[2] 徐復觀亦曾指出，董仲舒所謂的「指」，是指「由文字所表達的意義，以指向文字所不能表達的意義；由文字所表達的意義，大概不出於《公羊傳》的範圍。文字所不能表達的『指』，則突破了《公羊傳》的範圍，而為仲舒所獨得，這便形成他的春秋學的特色。」說見：《兩漢思想史》（臺北：臺灣學生書局，1989 年 9 月），卷二，頁 336。

　　如董生所述，《春秋》之辭多所況，且因事以移辭；雖然如此，其中仍有「常法」可尋，曰「從變從義」。《春秋》序辭「從變從義」，故「事變散其辭」（〈正貫〉；頁 143）。當「微」者，以「微辭」序之；當「溫」者，以「溫辭」序之；當「婉」者，以「婉辭」序之；當「諱」者，以「諱辭」序之；當「詭」者，以「詭辭」序之。（說見《春秋繁露》〈楚莊王〉、〈玉英〉二篇）一切但以「事」與「義」為依歸。就「事」而言，董生云：「《春秋》理百物，辨品類，別嫌微，修本末者也。是故星墜謂之隕，螽墜謂之雨，其所發之處不同，或降於天，或發於地，其辭不可同也。今四者俱為變禮也同，而其所發亦不同，或發於男，或發於女，其辭不可同也。是或達於常，或達於變也。」（〈玉英〉；頁 76）所發之處不同，故其辭亦隨順事之異而有所變化。就「義」而言，董生云：「《春秋》之辭，有所謂賤者，有賤乎賤者。夫有賤乎賤者，則亦有貴乎貴者矣。」（〈竹林〉；頁 55）辭或貴或賤，或貴乎貴賤乎賤，殆由其「義」而發；「不義之中有義，義之中有不義」（〈竹林〉；頁 50），不能一概而論。

　　既然《春秋》之辭「從變從義」，且無一定之論述方式或基準；論者又當如何藉《春秋》之序辭，以見其大義之所歸？此即涉及董生之《春秋》「詮釋」。

# 第三節　《春秋》條例之建置

《春秋繁露‧俞序》云：

> 仲尼之作《春秋》也，上探正天端王公之位，萬民之所欲；
> 下明得失，起賢才，以待後聖。故引史記，理往事，正是非，
> 見王公。史記十二公之間，皆衰世之事，故門人惑。孔子曰：
> 「吾因其行而加乎王心焉。」以為見之空言，不如行事博深
> 切明。……假其位號以正人倫，因其成敗以明順逆。（頁
> 161-163）

依董生所言，孔子作《春秋》，要在闡述其政治理想，並明示後君
以治人之法則；《春秋》所透露之理念與法則，此即論者所謂之「微
言大義」。惟此微言大義既隱藏於語言文字背後，論者又將如何探
尋此隱藏於文字背後之「微言大義」？《春秋繁露》云：

> 《春秋》赴問數百，應問數千，同留經中。繙引比類，以發
> 其端。卒無妄言而得應於《傳》者。（〈玉杯〉；頁40）

> 不義之中有義，義之中有不義；辭不能及，皆在於指，非精
> 心達思者，其孰能知之。……由是觀之，見其指者，不任其
> 辭，然後可以適道矣。（〈竹林〉；頁50-51）

《春秋》之道，固有常有變，變用於變，常用於常，各止其科，非相妨也。(〈竹林〉；頁 53)

今《春秋》之為學也，道往而明來者也。然而其辭體天之微，故難知也。弗能察，寂若無；能察之，無物不在。是故為《春秋》者，得一端而多連之，見一空而博貫之，則天下盡矣。(〈精華〉；頁 96-97)

《春秋》，大義之所本耶？六者之科，六者之恉之謂也。然後援天端，布流物，而貫通其理，則事變散其辭矣。(〈正貫〉；頁 143)

《春秋》二百四十二年之文，天下之大，事變之博，無不有也。雖然，大略之要有十指。(〈十指〉；頁 145)

《春秋》至意有二端，不本二端之所從起，亦未可與論災異也，小大微著之分也。(〈二端〉；頁 155)

依上引文觀之，雖然董生認為《春秋》序辭「從變從義」，然「義」、「變」之間，又非毫無「常法」可尋。此求義之「常法」，其要有三：「繙引比類，以發其端」、「常變之用，各止其科」、「見其指者，不任其辭」。茲分述如下：

## 一、繙引比類，以發其端

「比類」之說，已見前述；而所謂「繙引」，則是指反覆援引比類所得之統緒。故「繙引比類」者，即是指：排列《春秋》在各

種不同情境下所使用之語言文字，並依其類別加以聚合，進而發現其統緒，並反覆援引比類所得之統緒。藉由此一程序，即可發現《春秋》之「端」。然何謂「端」？今檢《春秋繁露》，「端」實有多種不同涵義：

(一)、「端」指「原因」。如：

〈楚莊王〉：「四者天下同樂之，一也；其所同樂之端，不可一也。」（頁21）〈竹林〉「故按《春秋》而適往事，窮其端而視其故」（頁56）、「其端乃從僵魯勝衛起」（頁57）、「吾本其端，無義而敗，由輕心然」（頁66）；〈滅國上〉「存亡之端，不可不知也」（頁134）；〈滅國下〉「衛滅之端，以失幽之會」（頁136）。

(二)、「端」指「類別」。如：

〈精華〉：「是故為《春秋》者，得一端而多連之，見一空而博貫之。」（頁97）

(三)、「端」指「始」或「根本」。如：

〈玉英〉：「是故治國之端在正名」（頁68）、〈立元神〉「君人者，國之元，發言動作，萬物之樞機，樞機之發，榮辱之端也」（頁166）、〈官制象天〉：「天有十端，十端而止已：天為一端，地為一端，陰為一端，陽為一端，火為一端，金為一端，木為一端，水為一端，土為一端，人為一端，凡十端而畢，天之數也」（頁216-217）、〈深察名號〉「治天下之端，在審辨大；辨大之端，在深察名號」（頁284）、〈為人者天〉「政有三端：父子不親，則致

其愛慈；大臣不和，則敬順其禮；百姓不安，則力其孝
弟」（頁319）。

(四)、「端」指「徵兆」。如：

〈立元神〉：「陰道尚情而露情，陽道無端而貴神。」（頁
172）

除以上四類外，「端」在《春秋繁露》中更有兼攝以上數義，
而作為一統合性概念者。如前引〈王杯〉云：「《春秋》赴問數百，
應問數千，同留經中，繙援比類，以發其端。」又，〈天道施〉云：
「天道施，地道化，人道義，聖人見端而知本。」（頁468-469）「端」
字含攝上述諸義，在〈二端〉中表現得最為明顯。其言云：

> 《春秋》至意有二端，不本二端之所從起，亦未可與論災異
> 也，小大微著之分也。夫覽求微細於無端之處，誠知小之將
> 為大也，微之將為著也，吉凶未形，聖人所獨立也，雖欲從
> 之，末由也已，此之謂也。……是故《春秋》之道，以元之
> 深，正天之端；以天之端，正王之政；以王之政，正諸侯之
> 即位；以諸侯之即位，正竟內之治。五者俱正，而化大行。
> （頁155-156）

如上所述，「端」在《春秋繁露》中具有「原因」、「類別」、「根本」、
「徵兆」等涵義；時或兼攝上述涵義，而作為一統合性的概念來使
用。「繙援比類，以發其端」之「端」，雖然也可以用「原因」、「類
別」、「根本」、「徵兆」等來加以解釋；但是，用統合義之端來加以
解釋，似乎更為貼切。至於〈二端〉所云，其所指又更加具體，蓋
指「小大」、「微著」之「端」。而此「小大」、「微著」之「端」，觀

〈二端〉所述，應指「人事」與「災異」：就「人事」而言，「端」指「『志』（或「心」）之『端』」；就「災異」而言，「端」指「『災異』之『徵兆』」。而其最終歸宿，則在「志之端」。〈玉杯〉云：

> 《春秋》之論事，莫重於志。……《春秋》之好微與，其貴志也。《春秋》修本末之義，達變故之應，通生死之志，遂人道之極者也。（頁 25-39）

可見透過「緟引比類」所發之「端」，其所重者實在於人心之所應為與所不應為這點上面，並藉此判斷《春秋》褒貶之基準。對此，董仲舒曾舉例加以說明：

> 《春秋》譏文公以喪取。難者曰：「喪之法，不過三年，三年之喪，二十五月。今按《經》：文公乃四十一月方取，取時無喪，出其法也久矣，何以謂之喪取？」曰：「《春秋》之論事，莫重於志。今取必納幣，納幣之月在喪分，故謂之喪取也。且文公秋袷祭，以冬納幣，皆失於太蚤，《春秋》不譏其前，而顧譏其後，必以三年之喪，肌膚之情也，雖從俗而不能終，猶宜未平於心，今全無悼遠之志，反思念取事，是《春秋》之所甚疾也，故譏不出三年，於首而已譏以喪取也，不別先後，賤其無人心也。緣此以論禮，禮之所重者，在其志，志敬而節具，則君子予之知禮；志和而音雅，則君子予之知樂；志哀而居約，則君子予之知喪。故曰非虛加之，重志之謂也。志為質，物為文，文著於質，質不居文，文安施質；質文兩備，然後其禮成；文質偏行，不得有我爾之名；

俱不能備，而偏行之，寧有質而無文，雖弗予能禮，尚少善之，介葛盧來是也；有文無質，非直不予，乃少惡之，謂州公寔來是也。然則《春秋》之序道也，先質而後文，右志而左物，故曰：『禮云禮云，玉帛云乎哉！』推而前之，亦宜曰：『朝云朝云，辭令云乎哉！』『樂云樂云，鐘鼓云乎哉！』引而後之，亦宜曰：『喪云喪云，衣服云乎哉！』是故孔子立新王之道，明其貴志以反和，見其好誠以滅偽，其有繼周之弊，故若此也。」（〈玉杯〉；頁 23-28）

桓之志無王，故不書王；其志欲立，故書即位。書即位者，言其弒君兄也；不書王者，以言其背天子。是故隱不言立，桓不言王者，從其志，以見其事也。從賢之志，以達其義；從不肖之志，以著其惡。由此觀之，《春秋》之所善，善也；所不善，亦不善也。不可不兩省也。（〈玉英〉；頁 76-77）

《經》曰：「宋督弒其君與夷。」《傳》言：「莊公馮殺之。」不可及於《經》，何也？曰：「非不可及於《經》，其及之端眇，不足以類鉤之，故難知也。《傳》曰：『臧孫許與晉郤克同時而聘乎齊。』按《經》無有，豈不微哉！不書其往，而有避也。今此《傳》而言莊公馮，而於經不書，亦以有避也。是以不書聘乎齊，避所羞也；不書莊公馮殺，避所善也。是故讓者，《春秋》之所善，宣公不與其子，而與其弟，其弟亦不與子，而反之兄子，雖不中法，皆有讓高，不可棄也，故君子為之諱。不居正之謂避，其後也亂。移之宋督，以存善志，此亦《春秋》之義，善無遺也。若直書其篡，則宣繆

之高減，而善之無所見矣。」難者曰：「為賢者諱，皆言之，為宣繆諱，獨弗言，何也？」曰：「不成於賢也。其為善不法，不可取，亦不可棄。棄之則棄善志也，取之則害王法。故不棄亦不載，以意見之而已。」(〈玉英〉；頁77-78)

觀董仲舒所述三例可知，人之行為是否「已發」並不重要；重要的是「志」在「未發」之時，「動機」是否「純正」。文公娶時無喪而納幣在喪分，「取」之行為雖然「未發」，然「納幣」之「志」業已不正，故《春秋》譏之以喪取；而桓王之志欲立，故書即位以著其惡；即便為善不法者，亦取其「善志」而不棄。由此可見，「志」才是《春秋》「端」旨之所在。而災異之端，亦歸本於「志」。〈二端〉云：

故書日蝕，星隕，有蜮，山崩，地震，夏大雨水，冬大雨雹，隕霜不殺草，自正月不雨，至於秋七月，有鸛鵒來巢，《春秋》異之，以此見悖亂之徵，是小者不得大，微者不得著，雖甚末，亦一端。孔子以此效之，吾所以貴微重始是也，因惡夫推災異之象於前，然後圖安危禍亂於後者，非《春秋》之所甚貴也。然而《春秋》舉之以為一端者，亦欲其省天譴，而畏天威，內動於心志，外見於事情，修身審己，明善心以反道者也，豈非貴微重始、慎終推效者哉！(頁155-156)

如董生所言，《春秋》之所以舉「災異」以為「一端」者，蓋欲人君「省天譴，而畏天威」，並因災異之見而「內動於心志，外見於事情」，由內而外，一則修身審己，再則改正失道。而其最終目的，則在「明善心以反道者」。災異之要，在勸戒人君歸返正道；而欲

歸返正道，又必先明其善心。由此可見，董生所謂「《春秋》至意有二端」，其說雖含攝「人事」與「災異」，然其最終旨要，實皆歸本於心。

## 二、常變之用，各止其科

前引《春秋繁露‧竹林》云：

> 《春秋》之道，固有常有變。變用於變，常用於常，各止其科，非相妨也。（頁53）

如董生所言，《春秋》所記天下得失，原就有常有變，變之道理運用於變化的事情上，而經常的道理運用於經常的事情上；理事相應，各有其適應之法則，不會相互妨礙。換言之，治《春秋》者必須視各種不同情境之變化，選擇適當的解釋法則，如此方能推闡《春秋》所蘊「微言大義」。這些解釋法則，依董生所見，計有六種。《春秋繁露‧正貫》云：

> 《春秋》，大義之所本耶？六者之科，六者之指之謂也。然後援天端，布流物，而貫通其理，則事變散其辭矣。故志得失之所從生，而後差貴賤之所始矣；論罪源深淺，定法誅，然後絕屬之分別矣；立義定尊卑之序，而後君臣之職明矣；載天下之賢方，表謙義之所在，則見復正焉耳；幽隱不相踰，而近之則密矣，而後萬變之應無窮者，故可施其用於人，而不悖其倫矣。（頁143）

此「六科」，乃董仲舒綜貫《春秋》後，所歸結出之《春秋》大義之「綱領」，亦為解釋《春秋》之法則。其說含攝援天端、明貴賤、別絕續、立尊卑、載賢方、近幽隱等諸多層面。惟歷來對於「六科」之所指，及相關文字之解釋，諸說之間頗有異同；且上述層面又涉及董生立說之基礎、政治原則、倫理綱常、好微、聽獄等內容，非一二語所能窮盡其義。是以此處所言，但舉其要；至其所涉問題，容後再述。

## 三、見其指者，不任其辭

如前所述，「科」是指「微言大義」之「綱領」；此處之「指」，則是指「微言大義」之「細目」。〈十指〉云：

> 《春秋》二百四十二年之文，天下之大，事變之博，無不有也。雖然，大略之要有十指。十指者，事之所繫也，王化之所由得流也。舉事變見有重焉，一指也。見事變之所至者，一指也。因其所以至者而治之，一指也。強幹弱枝，大本小末，一指也。別嫌疑，異同類，一指也。論賢才之義，別所長之能，一指也。親近來遠，同民所欲，一指也。承周文而反之質，一指也。木生火，火為夏，天之端，一指也。切刺譏之所罰，考變異之所加，天之端，一指也。舉事變見有重焉，則百姓安矣。見事變之所至者，則得失審矣。因其所以至而治之，則事之本正矣。強幹弱枝，木本小末，則君臣之分明矣。別嫌疑，異同類，則是非著矣。

論賢才之義，別所長之能，則百官序矣。承周文而反之質，則化所務立矣。親近來遠，同民所欲，則仁恩達矣。木生火，火為夏，則陰陽四時之理相受而次矣。切刺譏之所罰，考變異之所加，則天所欲為行矣。統此而舉之，仁往而義來，德澤廣大，行溢於四海，陰陽和調，萬物靡不得其理矣。說《春秋》者凡用是矣。此其法也。（頁 145-147）

就〈十指〉所述觀之，所謂「十指」，其內容實與「六科」相去不遠；比較特殊的是，此處尚涉及「五行」與「災異」之問題，為董仲舒春秋學之另一特點。而比觀「六科」與「十指」，可知「六科」偏重於「原則」之闡述，而「十指」則側重於「具體」之行事。這些具體內容，含括安百姓、審得失、正事本、明君臣、著是非、序百官、立教化、達仁恩、次陰陽、行天道等等。[3]且依董生所述，說《春秋》者只要掌握這些法則，即可「統而舉之」，通曉《春秋》之「微言大義」，進而明「王化之所由得流」。此外，董仲舒又根據「十指」，進一步在社會和政治等層面，推闡《春秋》之義。〈王道〉云：

《春秋》立義：天子祭天地，諸侯祭社稷，諸山川不在封內不祭。有天子在，諸侯不得專地，不得專執天子之大夫，不得舞天子之樂，不得致天子之賦，不得適天子之貴。君親無將，將而誅。大夫不得世，大夫不得廢置君命。立適，以長不以賢，立子以貴不以長，立夫人以適不以妾。天子不臣母后之黨。親

---

[3]　說參韋政通：《董仲舒》（臺北：東大圖書公司，1986 年 7 月），頁 56-59。

> 近以來遠，未有不先近而致遠者也。故內其國而外諸夏，內諸
> 夏而外夷狄，言自近者始也。……《春秋》之義，臣不討賊，
> 非臣也；子不復讎，非子也。（頁 112-117）

如〈王道〉所述，董仲舒透過「科」、「指」所闡發之《春秋》大義，
主要仍以「君臣」、「父子」之政治原則與倫理綱常為核心。

綜上所述，董仲舒用以詮釋《春秋》者，並非藉由個別概念之
分析，以進至於整體義理之理解；相反的，董仲舒是運用其所建構
之「框架」來解釋《春秋》，認為《春秋》大義表現在「端」、「科」、
「指」等層面。此一「框架」，用公羊學之術語來說，即是「條例」。
所謂「條例」，依章權才之說，主要包含「文例」、「義例」與「法」
等三項內容。[4] 董生之說，即是如此：

一、文例。即行文之例，也就是例的表現形式。依董生之說，《春
　　秋》行文之例，其要有三：

　　(一)、《春秋》之辭，多所況；

　　(二)、《春秋》無通辭、無達辭；

　　(三)、《春秋》從變而移，移其辭以從其事。

二、義例。此乃例之「內容」。《春秋》之例的內容，依董生所述觀
　　之，即指透過「端」、「科」、「指」所闡述之君君、臣臣、父父、
　　子子等政治原則與倫理綱常。

三、法。指「法則」，也就是具體的行為規範。

---

4　詳參章權才：《兩漢經學史》（臺北：萬卷樓圖書有限公司，1995 年 5 月），
　　頁 98。

文例、義例已見前所述。至於「法」，董仲舒透過義例推闡所建立之行為法則頗多，依〈王道〉所述，可歸為二十三項。其言云：

> 觀乎蒲社，知驕溢之罰；觀乎許田，知諸侯不得專封；觀乎齊桓、晉文、宋襄、楚莊，知任賢奉上之功；觀乎魯隱、祭仲、叔武、孔父、荀息、仇牧、吳季子、公子目夷，知忠臣之效；觀乎楚公子比，知臣子之道，效死之義；觀乎潞子，知無輔自詛之敗；觀乎公在楚，知臣子之恩；觀乎漏言，知忠道之絕；觀乎獻六羽，知上下之差；觀乎宋伯姬，知貞婦之信；觀乎吳王夫差，知強陵弱；親乎晉獻公，知逆理近色之過；觀乎楚昭王之伐蔡，知無義之反；觀乎晉厲之妄殺無罪，知行暴之報；觀乎陳佗、宋閔，知妬淫之禍；觀乎虞公、梁亡，知貪財枉法之窮；觀乎楚靈，知苦民之壞；觀乎魯莊之起臺，知驕奢淫佚之失；觀乎衛侯朔，知不即召之罪；觀乎執凡伯，知犯上之法；觀乎晉郤缺之伐邾婁，知臣下作福之誅；觀乎公子翬，知臣窺君之意；觀乎世卿，知移權之敗。故明王視於冥冥，聽於無聲，天覆地載，天下萬國莫敢不悉靖其職，受命者不示臣下以知之至也，故道同則不能相先，情同則不能相使，此其教也。由此觀之，未有去人君之權，能制其勢者也；未有貴賤無差，能全其位者也。故君子慎之。

（頁 130-133）

此二十三項依《春秋》所歸納之行為規範，歸本其要，實皆與「為君之道」與「臣子之法」有關。是其所述，皆偏重於「政治」一面，蓋欲君臣以《春秋》所錄為鑑：善者從之，不善者惕之。如

此即能有其權而制其勢，有等差而全其位，進而營造一尊卑有別之政治秩序。

# 第四節　結語

以《春秋》寓含孔子之「微言大義」，此乃治《春秋》者之基本共識，董仲舒也不例外。在此前提下，如何推求《春秋》之「微言大義」，便成為治《春秋》者所必須思考的首要問題。依董仲舒，治《春秋》有三個不同層次：

一、合而通之，緣而求之。解讀《春秋》首先要綜觀《春秋》全書，並進而求其通貫全書的原則；另一方面則是要順著《春秋》之語義脈絡，而求其語言文字之意義。

二、五其比，偶其類，覽其緒，屠其贅。論《春秋》，首先要「排列」《春秋》在各種不同情境下所使用的語言文字，而後按照「類別」加以「聚合」，進而發現其統緒，以進一步辨析《春秋》之所未明言之意旨。

三、《春秋》餘義之推衍。依董仲舒，治《春秋》者只要依循上述程序，即可「發現」孔子作《春秋》所未明言之「微言大義」，完成《春秋》詮釋之最終目的。

此外，依董仲舒之見，《春秋》在闡釋義理時，每每運用「比喻」的方式來推明事理，且其所使用之語言文字，沒有一定的論述格局，而且《春秋》之辭從變而移，辭乃依事而變化。故云「《春

秋》之辭，多所況」、「《春秋》無通辭、無達辭」、「《春秋》從變而
移，移其辭以從其事」。由於《春秋》所使用之語言文字具有這些
特點，因此，治《春秋》者即不能執著於語言文字的表層意義，而
是必須深入語言文字的背後，去發掘深藏於語言文字之下的深層涵
義。是依董生之理解，《春秋》之辭，事實上僅有「陳述」之作用，
至於「意義」的判斷，則必須「隨其委曲而後得之」，有待論者進
一步去發掘。由此可見，董仲舒並非透過「歸納」之法以釋《春秋》
之辭；相反的，董仲舒認為必須打破語言文字的內在邏輯關係及語
意限制，如此方能突破語言文字所加諸於人的理解上的隔閡，而直
接深入語言文字的背後，從中探討《春秋》之微言大義。而要深入
語言文字之背後，進而發掘《春秋》所未明言之旨意，就必須「見
其指者，不任其辭」，且隨順各種情境之變化，選擇適當的解釋法
則，「常用於常，變用於變」，如此方能「繙援比類，以發其端」，
從而探知《春秋》之旨要。而其所推《春秋》旨要，則含攝「二端」、
「三統」、「四法」、「五始」、「六科」、「十指」等多重層面，此即下
文各章所欲探討之重點。

# 端、科、指條例之學的建構

## ——董仲舒春秋學之義法理論

# 第四章　端、科、指條例之學的建構

## ——董仲舒春秋學之義法理論

　　如前所述，董仲舒對於《春秋》之詮釋，並非依循一般文義解釋之進路，著重於分析《春秋》所使用之語言文字（或概念）的確切意涵，並依此意涵反溯於《春秋》之義理內涵的解析。相反的，董仲舒認為：欲探求《春秋》之微言大義，首先必須突破語言文字的邏輯關係及語意限制，如此方能深入語言文字之背後，發掘《春秋》所蘊含的特殊義理內涵。而其所用以「發掘」《春秋》之「微言大義」者，以公羊學之術語來說，即是「條例之學」[1]。董仲舒所建構之《春秋》條例，含攝「義法」、「歷史」與「災異」等多重層面；而其要旨，則歸結為：二端、三統、四法、五始、六科、十指。[2] 其中「三統」、「四法」與董仲舒之歷史

---

[1] 徐疏引何休《文諡例》云：「《春秋》五始、三科、九旨、七等、六輔、二類之義，以矯枉撥亂，為受命品道之端，正德之紀也。」（頁 7）此應為最早歸納《春秋》條例之論。此外，另據緯書之說，歷來所述《春秋》條例，應尚含攝「四部」、「七缺」、「八缺」之義。說參拙著：《東漢讖緯學研究》（臺北：臺灣師範大學國文學系博士論文，2005 年 7 月），頁 397-402。其中「四部」、「六輔」、「七等」、「七缺」、「八缺」為後起之義；而「二端」、「三科」、「五始」、「九旨」等，實皆義出董仲舒。

[2] 學界在歸納董生所建構之《春秋》條例時，一般並未將「二端」、「四法」含攝在內；然就理論傳承及董生立說意旨而言，實不應將二者排除在外。

哲學有關，說詳本文第五章；而「五始」之說，前文業已述及，不再贅述。至於災異，因涉及「二端」及其他問題，本章但舉其要，餘詳第六章所論。本章所述，僅以「二端」、「六科」、「十指」等為核心，要在闡明「端」、「科」、「指」之實質內涵，及由此所引申之道德規範與行為準則。

# 第一節　《春秋》至意之發明：二端

如前章所述，在《春秋繁露》中，「端」有多種不同涵義。然其核心，則為「二端」。〈二端〉云：

> 《春秋》至意有二端，不本二端之所從起，亦未可與論災異也，小大微著之分也。夫覽求微細於無端之處，誠知小之將為大也，微之將為著也。吉凶未形，聖人所獨立也，雖欲從之，末由也已，此之謂也。……故書日蝕、星隕、有蜮、山

---

原因有二：

1、徐疏引何休《文諡例》云：「二類者，人事與災異是也。」（頁 7-8）何休所謂「二類」，雖未詳其理論之所出；然細究其意，實由今本《春秋繁露‧二端》之相關論述所檃括而來（說詳下文）。這種情況就如同「五始」之說乃何休根據《春秋繁露‧二端》所檃括而來，但後世卻納入董仲舒所建構之《春秋》條例一樣。因此，就理論傳承的角度而言，「二端」之說應納入董仲舒《春秋》條例之列。

2、「三統」與「四法」俱見今本《春秋繁露‧三代改制質文》，同為董仲舒春秋學歷史理論之重要組成部份，二者是不可分割的。今取「三統」為《春秋》條例之一，則「四法」理應含攝在內，如此方能統觀董仲舒歷史理論之全豹。

崩、地震、夏大雨水、冬大雨雹、隕霜不殺草、自正月不雨
至於秋七月、有鸜鵒來巢。《春秋》異之,以此見悖亂之徵。
是小者不得大,微者不得著,雖甚末,亦一端。孔子以此效
之,吾所以貴微重始是也。因惡夫推災異之象於前,然後圖
安危禍亂於後者,非《春秋》之所甚貴也。然而《春秋》舉
之以為一端者,亦欲其省天譴而畏天威,內動於心志,外見
於事情,修身審己,明善心以反道者也,豈非貴微重始、慎
終推效者哉!(頁155-156)

如董仲舒所述,「二端」乃《春秋》「至意」之所在;而其內涵,則
指向「災異」與「小大微著之分」。就上引文觀之,董仲舒所謂的
「小大」、「微著」,似乎仍以災異為主軸;然而,倘若董生之說僅
及災異,又何以言《春秋》「至意」有「二端」?準此而言,「小大」、
「微著」應另有所指,如此方符「二端」之數。本文認為,〈二端〉
所述看似以災異為主,然其文明云「欲其省天譴而畏天威,內動於
心志,外見於事情,修身審己,明善心以反道者也」;則其要旨,
實兼攝「災異」與「人事」這兩方面,重點在於彰顯天人相應之理。
事實上,《春秋繁露》凡論及「小大」者,大體上都含攝「災異」
與「人事」這兩方面。例如:

周衰,天子微弱,諸侯力政,大夫專國,士專邑,不能行度
制法文之禮。……臣下僭上,不能禁止。日為之食,星霣如
雨,雨螽,沙鹿崩,夏大雨水,冬大雨雪,隕石於宋五,六
鶂退飛,霣霜不殺草,李梅實,正月不雨至於秋七月,地震,
梁山崩,壅河,三日不流,晝晦,彗星見於東方,孛於大辰,

鸛鴶來巢。《春秋》異之，以此見悖亂之徵。孔子明得失、
差貴賤；反王道之本，譏天王以致太平；刺惡譏微，不遺小
大。善無細而不舉，惡無細而不去，進善誅惡，絕諸本而已
矣。（〈王道〉；頁 107-109）

天意難見也，其道難理。是故明陰陽、入出、虛實之處，所
以觀天志；辨五行之本末順逆、小大廣狹，所以觀天道也。
（〈天地陰陽〉；頁 467）

〈王道〉所論，雖以《春秋》所記災異為主，但最終亦歸結於人事之
上，以「進善誅惡」，「反王道之本」為宗旨。至於〈天地陰陽〉所
述「明陰陽」、「辨五行」之法，其與「陰陽」有關者，《漢書‧五行
志》云：「董仲舒治《公羊春秋》，治推陰陽，為儒者宗。」是推陰
陽以治《春秋》，實為董生春秋學之一大特點。而其推陰陽以說《春
秋》之實例，〈五行志〉所錄甚多，茲援數例如下，以見其意：

（昭公十八年，五月壬午，宋、衛、陳、鄭災）董仲舒以為
象王室將亂，天下莫救，故災四國，言亡四方也。又宋、衛、
陳、鄭之君皆荒淫於樂，不恤國政，與周室同行。陽失節則
火災出，是以同日災也。（頁 1329）

（莊公二十八年冬，大水，亡麥禾）董仲舒以為夫人衰姜淫
亂，逆陰氣，故大水也。（頁 1339）

（莊公十一年冬，宋大水）董仲舒以為時魯、宋比年為乘丘、
鄑之戰，百姓愁怨，陰氣盛，故二國俱水。（頁 1343-1344）

如上引諸例所示，董生認為災異之所起，實緣於陰陽失序之所致。而水屬陰，火屬陽，故陰盛則水，陽盛則火。至於「五行」，《春秋繁露》〈治亂五行〉云：

> 火干木，蟄蟲蚤出，蚿雷蚤行；土干木，胎夭卵鰕，鳥蟲多傷；金干木，有兵；水干木，春下霜。土干火，則多雷；金干火，草木夷；水干火，夏雹；木干火，則地動。金干土，則五穀傷有殃；水干土，夏寒雨霜；木干土，裸蟲不為；火干土，則大旱。水干金，則魚不為；木干金，則草木再生；火干金，則草木秋榮；土干金，五穀不成。木干水，冬蟄不藏；土干水，則蟄蟲冬出；火干水，則星墜；金干水，則冬大寒。（頁 383-384）

此言「五行相干」所引發之災異。類似說法又見《淮南子》（詳蘇輿《義證》），董生所言，應為彼時論者之通說。而救治之法，〈五行變救〉云：

> 五行變至，當救之以德，施之天下，則咎除；不救以德，不出三年，天當雨石。木有變，春凋秋榮，秋木冰，春多雨，此繇役眾，賦斂重，百姓貧窮叛去，道多饑人。救之者，省繇役，薄賦斂，出倉穀，振困窮矣。火有變，冬溫夏寒，此王者不明，善者不賞，惡者不絀，不肖在位，賢者伏匿，則寒暑失序，而民疾疫。救之者，舉賢良，賞有功，封有德。土有變，大風至，五穀傷，此不信仁賢，不敬父兄，淫泆無度，宮室榮。救之者，省宮室，去雕文，舉孝悌，恤黎元。

金有變，畢昴為回三覆，有武，多兵，多盜寇，此棄義貪財，輕民命，重貨賂，百姓趣利，多姦軌。救之者，舉廉潔，立正直，隱武行文，束甲械。水有變，冬濕多霧，春夏雨雹，此法令緩，刑罰不行。救之者，憂囹圄，案姦宄，誅有罪，搜五日。（頁385-386）

〈五行變救〉所述，殆謂天若有變，須以人事救之；惟五行不同，救法亦各有別；然總歸其要，則曰「救之以德」。而綜觀上引「陰陽」、「五行」之說，實皆不脫「災異」與「人事」之範疇。以此觀之，董生所謂「二端」，殆指「人事」與「災異」而言，何休《文諡例》所謂：「二類者，人事與災異是也。」亦是此義。

至於「發端」之方法，如前章所述，董仲舒以為：論《春秋》者必須「合而通之，緣而求之，五（伍）其比，偶其類，覽其緒，屠其贅。」（〈玉杯〉；頁32）換言之，論《春秋》者必須統合《春秋》之整體義涵並加以會通（合而通之），且緣此以例彼地思索之（緣而求之），同時排列《春秋》之條例（五其比），並依其類別加以聚合（偶其類），進而發現其統緒（覽其緒），以進一步辨析經文所未明言之旨意（屠其贅）。除此之外，為《春秋》者還必須反覆援引比類所得之統緒而博貫之，如此方能見其意旨之所在。故云：「為《春秋》者，得一端而多連之，見一空而博貫之，則天下盡矣」（〈精華〉；頁96-97）、「《春秋》赴問數百，應問數千，同留經中。繙援比類，以發其端，卒無妄言而得應於傳者。」（〈玉杯〉；頁40）而繙引比類後所得之《春秋》大義，就災異而言，約有如下幾層涵義：

一、災異緣於國家之失

　　以異常之變緣於國政之失，其說由來已久。如《管子·四時》云：「春凋、秋榮、冬雷、夏有霜雪，此皆氣之賊也。刑德易節失次，則賊氣遬至；賊氣遬至，則國多菑殃。」[3]董生之說與此相近。其對策云：

> 及至後世，淫佚衰微，不能統理群生。諸侯背畔，殘賊良民以爭壤土，廢德教而任刑罰，刑罰不中則生邪氣。邪氣積於下，怨惡畜於上。上下不和，則陰陽繆戾而妖孽生矣。此災異所緣而起也。（《漢書·董仲舒傳》；頁 2500）

如董生所述，刑罰不中必生邪氣，而邪氣上感於天，於是陰陽失序，妖孽之異即由此而生。而掌刑罰者，人君也；人君者，國之象徵。故又云：「凡災異之本，盡生於國家之失。」（《春秋繁露·必仁且智》；頁 259）

二、災異本於天意之仁

　　災異緣於國家之失，而天之降異，則以仁愛為本。而天之所以以仁愛為本者，如本文第二章所云，蓋「天志仁」之故。其對策云：

> 國家將有失道之敗，而天乃先出災害以譴告之；不知自省，又出怪異以警懼之；尚不知變，而傷敗乃至。以此見天心之仁愛人君而欲止其亂也。（《漢書·董仲舒傳》；頁 2498）

---

[3] 舊題〔周〕管仲撰、顏昌嶢校釋：《管子校釋》（長沙：嶽麓書社，1996 年 2 月），頁 386。

災異為上天「仁愛人君」之體現，是災異雖有「懲戒」之意，然其初衷實以「示警」為本旨，重點在於「振過救失」。故云：「見天意者之於災異也，異之而不惡也，以為天欲振吾過、救吾失，故以此報我也。……天災之應過而至也，異之明顯可畏也，此乃天之所欲救也。」(《春秋繁露‧必仁且智》；頁260）

三、「災」、「異」有「先後」之別

如上引董生對策所述，國家將有失道之敗，天乃「先出災害」以譴告之；不知自省，「又出怪異」以警懼之。是「災」、「異」二者實有程序上之先後關係，而且「災先異後」。故云：「災常先至，而異乃隨之。」(《春秋繁露‧必仁且智》；頁259）

四、「災」、「異」有「輕重」之分

依董仲舒之理解，「災」、「異」除有先後之別外，另有「輕重」之分。其說云：

天地之物，有不常之變者謂之異，小者謂之災。……災者，天之譴也；異者，天之威也。譴之而不知，乃畏之以威。(《春秋繁露‧必仁且智》；頁259）

如董生所述，「災」、「異」雖皆為「不常之變」；然「災」為「天之譴」，「異」乃「天之威」；前著重於「示警」之義，後則明示「懲罰」之宗旨。是在「災」、「異」之輕重程度上，董生實持「災輕異重」之說。故云：「小者謂之災」。

　　以上乃就災異以言《春秋》至意之一端，至於人事之部分，《春秋繁露・玉杯》云：「《春秋》之論事，莫重於志。」（頁25）據此，則人事之「端」當以「志之端」為核心，重點在於辨明「志」「未發」之前的「動機」是否「純正」。對此，董仲舒曾舉「文公喪取」、「不書桓王」、「宣公與弟」等三例加以說明。（說詳第三章）除此之外，董仲舒在〈精華〉一文中，又以逢丑父、轅濤塗、公子慶父及闔廬為例，就「聽獄」的立場加以分析。其文云：

　　　　《春秋》之聽獄也，必本其事而原其志。志邪者志不待成，
　　　　首惡者罪特重，本直者論其輕。是故逢丑父當斬，而轅濤塗
　　　　不宜執；魯季子追慶父，而吳季子釋闔廬。此四者罪同異論，
　　　　其本殊也。俱欺三軍，或死或不死；俱弒君，或誅或不誅。
　　　　聽訟折獄，可無審邪！（頁92-93）

案：逢丑父、轅濤塗、慶父及闔廬事，分見《公羊傳・定公二年》、〈僖公四年〉、〈閔公二年〉、〈襄公廿九年〉[4]；今僅就「罪同異論」

---

[4]　〈成公二年〉：「逢丑父者，頃公之車右也。面目與頃公相似，衣服與頃公相似，代頃公當左。使頃公取飲，頃公操飲而至，曰：『革取清者。』頃公用是佚而不反。逢丑父曰：『吾賴社稷之神靈，吾君已免矣！』郤克曰：『欺三軍者，其法奈何？』曰：『法斬。』於是斬逢丑父。」（頁215）〈僖公四年〉：「濤塗謂桓公曰：『君既服南夷矣，何不還師濱海，而東服東夷且歸？』桓公曰：『諾。』於是還師濱海而東，大陷于沛澤之中，顧而執濤塗。……桓公假塗於陳而伐楚，則陳人不欲其反由己者，師不正故也。」（頁126-127）〈閔公二年〉：「慶父弒二君，何以不誅？將而不免，遏惡也。既而不可及，緩追逸賊，親親之道也。」（頁115）〈襄公廿九年〉：「闔廬曰：『先君之所不與子國，而與弟者，凡為季子故也。將從先君之命與？則國宜之季子者；如不從先君之命與？則我宜立者也。僚惡得為君乎？』於是使專諸刺僚，而致國乎季子。季子不受，曰：『爾弒吾君，吾受爾國，是吾與爾為篡也。爾殺吾兄，吾又殺爾，是父子兄弟相殺，

之部分加以分述，以明《春秋》「必本其事而原其志」、「志邪者志不待成，首惡者罪特重」之意。

按照董仲舒的說法，逢丑父、轅濤塗「俱欺三軍」，然逢丑父當死、轅濤塗不當死，是因為逢丑父不知勸戒頃公：「君慢侮而怒諸侯，是失禮大矣。今被大辱而弗能死，是無恥也，而復重罪，請俱死，無辱宗廟，無羞社稷。」反而「措其君於人所甚賤以生其君」，讓國君蒙受「失禮」和「無恥」之雙重罪過，故「《春秋》不愛」（以上引文見:〈竹林〉；頁 60-62）。換言之，逢丑父不知「大義」、其「志邪」，故當斬。而轅濤塗欺三軍卻不當執，據《公羊傳·僖公四年》之說，則係因「齊師不正」，轅濤塗恐齊師過陳，為陳國帶來災難，故欺之。此乃為國為民設想，依《春秋》「重民」（〈竹林〉；頁 47）之義，其「志正」，故不當執。

至於公子慶父與闔廬，二人「俱弒君」，然慶父當死，闔廬不當死，究其原因，蓋與「讓國」有關。前引《公羊傳·襄公廿九年》即明載，闔廬使專諸刺僚以後，曾欲「致國乎季子」；此一行為，符合《春秋》「讓高」之義。與慶父比較起來，其「動機」較為「純正」，故公子慶父當死而闔廬不當死。由此觀之，「志」在未發之時「動機」是否純正，才是《春秋》治獄之根本。[5]

綜上所述，所謂「二端」，實兼攝「災異」與「人事」而言，重點在於闡述天人相應之意，並以「明善心以反道」及「善無細而不舉，

---

終身無已也。』去之延陵，終身不入吳國。」（頁 267）

[5] 有關董仲舒《春秋》決獄之分析，另參周桂鈿:《董學探微》（北京：北京師範大學出版社，1989 年 1 月），頁 217-225；王友才:〈董仲舒《春秋》決獄案例評析〉，《河北學刊》1998 年第 5 期（1998 年 7 月），頁 41-44。

惡無細而不去，進善誅惡，絕諸本」為其最終歸宿。而欲探究「災異」
與「人事」之端緒，就必須明陰陽之入出與虛實，辨五行之本末與
順逆，如此方能觀天道、明天意，由此以見天人相應之理序。而就
人事而言，其中「志」在「未發」之時「動機」是否「純正」，更是
《春秋》「大義」之所在，故云：「《春秋》之論事，莫重於志。」

## 第二節　《春秋》大義之推衍：六科

「六科」之說，為董生推闡《春秋》大義所提出之重要法則。
《春秋繁露・竹林》云：

> 《春秋》之道，固有常有變。變用於變，常用於常，各止其
> 科，非相妨也。（頁53）

〈正貫〉則曰：

> 《春秋》，大義之所本耶？六者之科，六者之指之謂也。然
> 後援天端，布流物，而貫通其理，則事變散其辭矣。故志得
> 失之所從生，而後差貴賤之所始矣；論罪源深淺、定法誅，
> 然後絕屬之分別矣；立義定尊卑之序，而後君臣之職明矣；
> 載天下之賢方[6]，表謙義之所在，則見復正焉耳；幽隱不相

---

6　此處之「方」，學者有兩種不同解釋：
　　1、蘇輿云：「方，法也。賢方，猶賢法也。」（《義證》；頁143）
　　2、徐復觀則云：「『載天下之賢方』者，乃記載天下之賢者於方版之上，
　　　以備進用之意。」說見：《兩漢思想史》（臺北：臺灣學生書局，1989

踰[7]，而近之則密矣，而後萬變之應無窮者，故可施其用於人，而不悖其倫矣。(〈正貫〉；頁143)

如董仲舒所述，《春秋》所推明之事理，原就有常有變，變之道理運用於變化的事情上，而經常的道理運用於經常的事情上；理事相應，各有其適應之法則，不會相互妨礙。這些法則，依董生對於《春秋》大義之闡發，計得六種，故謂之「六科」。

---

年9月)，卷二，頁434。

案：釋「方」為「法」或「版」，於義均可通；惟觀「六科」之論，乃重於「原則性」之大義，是否必須「具體化」為某一特殊之行事上，則似有可議之處。如〈楚王莊〉云：「《春秋》賢而舉之，以為天下法。」(頁6)即是原則性地強調舉賢以為後世之法，並未具體落實於某一行為之上。「載天下之賢方」之義應與此相同。

[7] 「幽隱不相踰，而近之則密矣」一句，學者之說，差異頗大：

1、蘇輿云：「踰疑作諭，言幽隱之與顯明不相諭也。」(《義證》；頁143)

2、徐復觀則將「幽隱不相踰，而近之則密矣」與「親近以來遠」合釋。揆諸其義，殆或認為「幽隱不相踰，而近之則密矣」與「華夷之辨」有關。詳見《兩漢思想史》，卷二，頁338-344。

3、賴炎元則解「踰」為「遠」，謂「對隱微的事不要遠離，就能探取它的隱密。」說見：《春秋繁露今註今譯》(臺北：臺灣商印書館，1996年12月)，頁135。

今案：〈正貫〉僅論及「幽隱」，並未提及「顯明」；蘇輿之說，純屬臆測，不足為憑。而徐復觀所論，並未進一步論證「幽隱不相踰，而近之則密矣」與「親近以來遠」之關係，其說實有推求太過之嫌，亦不可從。今檢《說文》云：「踰，越也。」〔漢〕許慎著、〔清〕段玉裁注：《說文解字注》(臺北：黎明文化事業股份有限公司，1986年10月)，頁82。賴說釋「踰」釋為「遠」，與《說文》所述僅是一義之轉，就文字訓詁的角度來說，應可成立。且今本《春秋繁露》「踰」字凡十見，除前引「幽隱不相踰」外，其餘「踰年」五見(見〈玉杯〉，頁31、33；〈竹林〉，頁64、65；〈精華〉，頁94)，「踰等」二見(見〈精華〉，頁85；〈基義〉，頁352)，「踰閑」、「踰矩」各一見(分見〈玉英〉，頁80；〈五行相生〉，頁365)，無一不作「越」解，可見釋「踰」為「遠」，較能貼近董生之旨意。

今觀〈正貫〉所述,「故志得失之所從生,而後差貴賤之所始矣」;「論罪源深淺、定法誅,然後絕屬之分別矣」;「立義定尊卑之序,而後君臣之職明矣」;「載天下之賢方,表謙義之所在,則見復正焉耳」;「幽隱不相踰,而近之則密矣」應各為一科;然這僅有「五科」而已,另外一科究係何指?本文認為,「援天端,布流物,而貫通其理,則事變散其辭矣」一段,就文意來說,似乎是在陳述六科之理論基礎源自於「天」。然董仲舒特重《春秋》「春王正月」之論,其說以為:

> 《春秋》之序辭也,置王春正之間,非曰:上奉天施,而下正人,然後可以為王也云爾。(〈竹林〉;頁 61-62)

> 春王正月者,承天地之所為也,繼天之所為而終之也。……是故《春秋》之道,以元之深正天之端,以天之端正王之政,以王之政正諸侯之即位,以諸侯之即位正竟內之治。五者俱正,而化大行。(〈玉英〉;頁 69-70)

> 《春秋》曰:「王正月。」……何以謂之「王正月」?曰:「王者必受命而後王,王者必改正朔,易服色,制禮樂,一統於天下,所以明易姓非繼人,通以己受之於天也。王者受命而王,制此月以應變,故作科以奉天地,故謂之王正月也。……故《春秋》應天作新王之事,時正黑統,王魯、尚黑、絀夏、親周、故宋。(〈三代改制質文〉;頁 184-194)

以此觀之,〈正貫〉所謂「援天端,布流物,而貫通其理」,應該就是指〈玉英〉及〈三代改制質文〉所述之相關內容──五始與三統。

而「事變散其辭」，蓋即前引〈竹林〉所言：「《春秋》之道，固有常有變，變用於變，常用於常，各止其科，非相妨也。」換言之，「援天端」所通貫之理，依然有常有變，不能過於拘泥。如此說來，「援天端」一段雖是理論基礎，但同時也是原則之一。倘此推論可以成立，則董仲舒所謂「六科」，應該是指：

> 援天端：援天端以通其理，事變而散其辭；
> 明貴賤：因得失之所從生，以明貴賤之義；
> 別絕續：論罪本、定法誅，以別絕續之分；
> 立尊卑：立尊卑等差之序，以定君臣之職；
> 載賢方：歷載天下之賢方，以彰謙讓之德；
> 近幽隱：近幽微隱密之事，以察見其微義。[8]

這「六科」當中，其中第一科涉及董仲舒春秋學之理論基礎。〈楚莊王〉云：

> 《春秋》之道，奉天而法古。……故聖者法天，賢者法聖，此其大數也。得大數而治，失大數而亂，此治亂之分也。所聞天下無二道，故聖人異治同理也，古今通達，故先賢傳其

---

8　鄧紅之說則以「故志得失之所從生」，「而後差貴賤之所始矣」、「論罪源深淺定法誅」、「然後絕屬之分別矣」、「立義定尊卑之序」、「而後君臣之職明矣」各為一科。說見：〈董仲舒の二つの春秋公羊學〉，收入町田三郎教授退休紀念論文集刊行會主編：《中國思想史論叢》（福岡：篠原製本株式會社，1995年），頁208。又見：《董仲舒思想の研究》（東京：人と文化社，1995年），頁282。今案：鄧氏對於〈正貫〉之文的理解似乎有誤。蓋董仲舒所論均以「而後」、「然後」等連接詞貫串前後文意；依一般之用法，連接詞前後之文辭應表達同一意涵，不應將之斷為兩橛。且〈正貫〉之說，皆明以語末助詞「矣」斷其語氣，鄧紅之說，恐有違一般之讀法。

　　法於後世也。《春秋》之於世事也，善復古、譏易常，欲其
　　法先王也。（頁 14-15）

依董生之說，《春秋》之道以「奉天法古」為最終原則。且如前所述，《春秋》之辭乃「體天之微」，準此而言，則《春秋》所記，基本上就是「天意」的體現。既然《春秋》體現著天意，則論《春秋》者，自然必須以天為準則，透過天以通貫《春秋》之理。上引有關三統、改制、災異之論述，即是「援天端」之最佳例證。而二、四兩科，則以政治原則與倫理綱常為核心，其中又以「三綱」——君臣、父子、夫婦——之關係最為重要。董仲舒云：

　　君臣、父子、夫婦之義，皆取諸陰陽之道。君為陽，臣為陰；
　　父為陽，子為陰；夫為陽，妻為陰。（〈基義〉；頁 350）

　　天之志，常置陰空處，稍取之以為助。故刑者，德之輔；陰
　　者，陽之助也；陽者，藏之主也。……天下之三王隨陽而更
　　正，天下之尊卑隨陽而序位。……不當陽者，臣子是也；當
　　陽者，君父是也。故人主南面，以陽為位也；陽貴而陰賤，
　　天之制也。（〈天辨在人〉；頁 336-337）

與三統、改制、災異相同，「陽貴而陰賤」之原則亦是根據「天意」所制定的，具有「絕對性」與「強制性」，任何人都必須嚴格遵守；而其用以維繫尊卑等差之序者，則是「禮」。故云：「禮者，繼天地，體陰陽，而慎主客；序尊卑、貴賤、大小之位，而差外內、遠近、新舊之級者也。」（〈奉本〉；頁 275-276）至於三、六兩科，一則與「《春秋》聽獄」有關，一則與「《春秋》好微」有關；而歸本其義，

則均以「《春秋》重志」為核心。至於第五科所強調之舉賢之行以為後世之法，其中又以「讓」最為董仲舒所重視。故前引文云：「讓者，《春秋》之所貴」（〈竹林〉；頁55）、「是故讓者，《春秋》之所善」（〈玉英〉；頁78）。

綜上所述，所謂「六科」當指「援天端」、「明貴賤」、「別絕續」、「立尊卑」、「載賢法」及「近幽隱」這六項法則；其中所蘊《春秋》大義，則含攝《春秋》奉天法古、重志、重讓以及「陽尊陰卑」之政治原則與倫理綱常。且依董仲舒之意，論《春秋》者只要根據這六項法則，即可「應萬變之無窮」且「施用於人」，並符合各自之倫類而不相妨，故云：「各止其科，不相妨也。」

# 第三節　《春秋》旨要之統舉：十指

董仲舒所推闡之《春秋》義法，除「二端」與「六科」外，另有「十指」之說。《春秋繁露》云：

> 不義之中有義，義之中有不義。辭不能及，皆在於指，非精心達思者，其孰能知之。……由是觀之，見其指者，不任其辭。不任其辭，然後可以適道矣。（〈竹林〉；頁50-51）

> 《春秋》二百四十二年之文，天下之大，事變之博，無不有也。雖然，大略之要有十指。十指者，事之所繫也，王化之所由得流也。舉事變見有重焉，一指也；見事變之所至者，

一指也；因其所以至者而治之，一指也；強幹弱枝，大本小
末，一指也；別嫌疑，異同類，一指也；論賢才之義，別所
長之能，一指也；親近來遠，同民所欲，一指也；承周文而
反之質，一指也；木生火，火為夏，天之端，一指也；切刺
譏之所罰，考變異之所加，天之端，一指也。舉事變見有重
焉，則百姓安矣；見事變之所至者，則得失審矣；因其所以
至而治之，則事之本正矣；強幹弱枝，木本小末，則君臣之
分明矣；別嫌疑，異同類，則是非著矣；論賢才之義，別所
長之能，則百官序矣；承周文而反之質，則化所務立矣；親
近來遠，同民所欲，則仁恩達矣；木生火，火為夏，則陰陽
四時之理相受而次矣；切刺譏之所罰，考變異之所加，則天
所欲為行矣。統此而舉之，仁往而義來，德澤廣大，衍溢於
四海，陰陽和調，萬物靡不得其理矣。說《春秋》者凡用是
矣，此其法也。（〈十指〉；頁 145-147）

如前所述，董生認為《春秋》之辭「多所況」、「從變而移」、「從變
從義」，故論《春秋》者，不能執著於語言文字之「表層涵義」，而
是必須深入語言文字之背後，去發掘語言文字背後的「深層意義」。
也惟有「不任其辭」，如此方能「見其指」而「可以適道」。所謂「指」，
即就此「深層意義」而言，亦即《春秋》「微言大義」之所在。《春
秋》之「指」，董仲舒將之歸納為十項，茲整理分述如后：

一、舉事變見有重焉，則民安矣

　　「重」者，「重民」之謂也。董仲舒云：「至意雖難喻，蓋
聖人者，貴除天下之患。貴除天下之患，故《春秋》重，而書

103

天下之患偏矣。以為本於見天下之所以致患，其意欲以除天下之患。」(〈盟會要〉；頁 140) 又云：「戰攻侵伐，雖數百起，必一二書，傷其害所重也。……是害民之小者，惡之小也；害民之大者，惡之大也。今戰伐之於民，其為害幾何？考意而觀之，則《春秋》之所惡者，不任德而任力，驅民而殘賊之。」(〈竹林〉；頁 47-48)《春秋》重民，故偏舉天下之患而書之；而患之大者，莫過於「戰」，故次第序之，以見其警戒之意。王者若能以此為戒，且任德不任刑，庶民即能得其所安，故云：「舉事變見有重焉，則民安矣」。

二、見事變之所至，則得失審矣

明察事變的根本原因，即可察知得失之所在。〈盟會要〉云：「是以君子以天下為憂也，患乃至於弒君三十六，亡國五十二，細惡不絕之所致也。辭已喻矣，故曰立義以明尊卑之分，強幹弱枝，以明大小之職；別嫌疑之行，以明正世之義；采摭託意，以繰失禮。善無小而不舉，惡無小而不去，以純其美；別賢不肖，以明其尊；親近以來遠，因其國而容天下。名倫等物，不失其理。公心以是非，賞善誅惡，而王澤洽。」(頁 141-142)如〈盟會要〉所云，君子之所憂及患之所生，蓋乃「細惡不絕之所致」。而要絕細惡，審得失，就必須明尊卑、明小大、別嫌疑；如此，則「性可善，然後清廉之化流；清廉之化流，然後王道舉、禮樂興。」(〈盟會要〉；頁 141)

三、因其所以至者而治之，則事之本正矣

　　　明察事變發生之原因，而後可以依不同之情況而選擇適當
的處置方式，如此即可論正事件之根本。此科所云，實與「見
事變之所至，則得失審矣」之說相妨。[9]

四、強幹弱枝，大小本末，則君臣之職明矣

　　　強化君王之權勢，削弱諸侯之力量，即可彰顯君臣之職
分。此即《春秋》尊王之義，與董生所謂：「立義以明尊卑之
分，強榦弱枝，以明大小之職」（〈盟會要〉；頁 141）、「立義
定尊卑之序，而後君臣之職明矣」（〈正貫〉；頁 143）、「立尊
卑之制，以等貴賤之差」（〈保位權〉；頁 173）之義同。

五、別嫌疑，異同類，則是非著矣

　　　能防微杜漸、且嚴夷夏之防，即可彰顯是非之所在。《春
秋繁露・度制》云：「凡百亂之源，皆出嫌疑纖微，以漸寖稍
長至於大。聖人章其疑者，別其微者，絕其纖者，不得嫌以蚤
防之。」（頁 231）依〈度制〉所論，可知「別嫌疑」即指「防
微杜漸」；而「異同類」則是指「夷夏之辨」。所謂「夷夏之辨」，
原是就「族類」的角度而言。[10]然董仲舒對於夷夏之辨，實已

---

[9]　案：以上三指乃一整體之概念。蓋必須明察事變之所重及事變之所至，而
　　後能依情狀之不同而予以適當的處置；董生將之區分為三，或有別於其「性
　　質」之不同：「舉事變見有重」者，乃論事變之「根本」；「見事變之所至」，
　　乃論事變發生之「原因」；「因其所以至者而治之」，乃論事變之「處置」。
　　性質有異，故分之為三。

[10]　如《公羊傳》云：「不與夷狄之執中國」（〈隱公三年〉；頁 38）、「不與夷狄
　　之獲中國」（〈莊公十年〉；頁 90）、「內其國而外諸夏，內諸夏而外夷狄」（〈成
　　公五年〉；頁 143）、「不與夷狄之主中國」（〈昭公廿三年〉；頁 299）等，都
　　與族類之不同有關。

突破種族的限制，進而為文化的華夷之辨。如〈竹林〉云：「《春秋》之常辭也，不予夷狄而予中國為禮，至邲之戰，偏然反之，何也？曰：『《春秋》無通辭，從變而移。今晉變而為夷狄，楚變而為君子，故移其辭以從其事。』」（頁 46）所重在「禮」而不在「族」，其文化意蘊甚為明顯。[11]

六、論賢才之義，別所長之能，則百官序矣：

闡述賢才之道理，並分別其才能所長，即可序百官之職位。此與〈正貫〉所謂「載天下之賢方，表謙義之所在」之義略同；惟此處著於重辨別各人才能之所在，實具「因能而授官」之意。

七、親近來遠，同民所欲，則仁恩達矣

修德以近親愛之人、飾文以來遠方之國，且隨順民心之所願，即可廣布仁義恩德。《春秋繁露・竹林》云：「夫德不足以親近，而文不足以來遠，而斷斷以戰伐為之者，此固《春秋》之所甚疾，皆非義也。」（頁 48-49）《春秋》疾戰伐，且重修文德以來之，是「親近來遠，同民所欲」者，實亦以「重民」之義為主，義同第一科。

八、承周文而反之質，則所化務矣

承續周之文采而返之以質，如此即可化育天下。此乃闡述《春秋》「先質而後文」之義。《春秋繁露・玉杯》云：「《春秋》之序道也，先質而後文，右志而左物。」（頁 27）其中「質」指「志」，而「文」指「物」。〈玉杯〉又云：「志為質，物為文。

---

11 另參徐復觀：《兩漢思想史》，卷二，頁 360。

文著於質，質不居文，文安施質？質文兩備，然後禮成。文質
偏行，不得有我爾之名。俱不能備而行之，寧有質而無文。」
（頁27）「質」、「文」雖然相輔相成，但在不得已的情況下，
寧可「有質而無文」。是所重在內心之「志」，而非外在之名言
文物。故云：「雖弗予能禮，尚少善之」、「有文無質，非直不
子，乃少惡之」（頁27）。

　　「質」既先於「文」，緣此又有「救文以質」之說。〈王道〉
云：「齊頃公弔死視疾，孔父正色而立於朝，人莫過而致難乎
其君，齊國佐不辱君命而尊齊侯，此《春秋》之救文以質也。」
（頁123）以上所舉三例，分見〈成公八年〉、〈桓公二年〉、〈成
公二年〉。依《公羊傳》，齊頃公於鞍之戰大敗後，七年不飲酒、
不吃肉，此其志甚堅，故乃援以為救文以質之例。孔父之事則
就其「義於色」的角度而言，是所重者依舊是內心之志。而國
佐之事，則有取其「義正」之義，故亦援以為說。此正面之例
證。從反面來說，救文以質亦可從「天下諸侯所以失其國者」
（同上）的角度見出端倪。例如：「潞子欲合中國之禮義，離
乎夷狄，未合乎中國，所以亡也」、「吳王夫差行強於越，臣人
之主，妾人之妻，卒以自亡，宗廟夷，社稷滅」……等，其例
甚多，茲不枚舉。

九、木生火，火為夏，則陰陽四時之理相受而次矣

　　明白木生火，火為夏之道理，即可得知陰陽四時運行之序
次。依五行理論，其相生順序為：木生火，火生土，土生金，
金生水，水生木；其方位則：木東，火南，土中，金西，水北。
「木生火，火為夏」即本此而言。然〈官制象天〉云：「天有

十端，十端而已：天為一端，地為一端，陰為一端，陽為一端，火為一端，金為一端，木為一端，水為一端，土為一端，人為一端。凡十端而畢，天之數也。」（頁216-217）「天有十端」，此處僅舉「木生火，火為夏」為天之一端，其他九端則略而不談。箇中緣由，蘇輿云：「火由木而生，百物皆本於春。《春秋》首重春，所以正天端也。」（頁 145）揆諸前文董仲舒非常重視《春秋》「春，王正月」之論，蘇說可從。此與〈正貫〉所云：「援天端，布流物，而貫其理」之義略同。

十、切刺譏之所罰，考變異之所加，則天所欲為行矣

詳察刺譏所罰之原因、考究災異發生之所由，即可明白天意之所在。《漢書·董仲舒傳》云：「《春秋》之所譏，災害之所加也。」（頁2515）可見此指所述，一以災異為主。而災異之所以發生的原因，則是由於陰凌陽與五行失序所致；而其考察之法，即是前引〈天地陰陽〉所云：「明陰陽、入出、虛實之處，所以觀天志」、「辨五行之本末順逆、小大廣狹，所以觀天道」。

以上為董仲舒「十指」理論之主要內涵。且依董仲舒所述，「說《春秋》者凡用是矣，此其法也。」解說《春秋》必須以此「十指」為原則，語言文字所不能透顯之義理，均可由「指」而見其微義，故云「辭不能及，皆在於指」。然觀〈十指〉所述，所謂「十指」實與「六科」之說大體相近；然「六科」比較傾向於原則性的提示，而「十指」則偏重於具體的應用層次。如安百姓、審得失、正事本、明君臣、著是非、序百官、達仁恩、立教化、次陰陽、行天欲等，

這些都與具體的應用措施有關。「原則」與「應用」的分判，或許是董仲舒將《春秋》義法區分為「六科」、「十指」之主要原因。

董仲舒除透過「二端」、「六科」、「十指」等條例系統性地闡述《春秋》大義外，在《春秋繁露》之相關記載中，尚有許多與《春秋》「義法」有關之言論。例如：

> 《春秋》立義：天子祭天地，諸侯祭社稷，諸山川不在封內不祭；有天子在，諸侯不得專地，不得專執天子之大夫，不得舞天子之樂，不得致天子之賦，不得適天子之貴；君親無將，將而誅；大夫不得世，大夫不得廢置君命；立適以長不以賢，立子以貴不以長，立夫人以適不以妾；天子不臣母后之黨，親近以來遠，未有不先近而致遠者也。故內其國而外諸夏，內諸夏而外夷狄，言自近者始也。……《春秋》之義，臣不討賊，非臣也；子不復仇，非子也。（〈王道〉；頁 112-117）

這些義法，基本上不出「六科」、「十指」之範圍；然特重「尊王之義」與「貴賤之別」及「夷夏之防」。除此之外，其他如「《春秋》尊禮而重信」、「《春秋》賢而舉之，以為天下法」（〈楚莊王〉；頁 6）、「《春秋》之法，以人隨君，以君隨天」、「屈民而伸君，屈君而伸天，《春秋》之大義也」（〈玉杯〉；頁 31-32）、「《春秋》之敬賢重民」、「《春秋》之法，凶年不修舊，意在無苦民爾」、「《春秋》愛人」、「《春秋》之義，惡臣擅，君名美（原作「臣有惡，擅名美」，今從盧文弨校改）」（〈竹林〉；頁 47-53）、「《春秋》之法，君立不宜立，不書；大夫立，則書」、「《春秋》賢死義，且得眾心也，故為諱滅」（〈玉

英〉；頁 81-84）等等，也都體現《春秋》微言大義之所在。惟此類說法散見《春秋繁露》各篇，茲不詳述。

# 第四節　結語

　　董仲舒春秋學之義法理論，主要是以「二端」、「六科」、「十指」等條例所架構而成的；其具體內涵，主要包括以下三個層面：

一、藉由「二端」之發明，闡述天人相應之理，並以「明善心以反道」及「善無細而不舉，惡無細而不去，進善誅惡，絕諸本」為其最終歸宿。於災異之端，董生以災異緣於國家之失，並認為災異乃天意之仁的表現。此外更述「災先異後」、「災輕異重」之義，以明《春秋》災異之旨。而於人事之端，董仲舒則特重《春秋》「貴志」之說，以志未發之時的動機是否純正，作為判斷善惡的標準。

二、透過「六科」之推衍，一則闡述董仲舒春秋學之理論基礎，再則建構一以「尊王之義」與「貴賤之別」為主的君君、臣臣、父父、子子之政治原則與倫理綱常。

三、透過「十指」之統舉，以見《春秋》之所重及其所以絕細惡、審得失之方法，並由此建立具體的行為法則與規範。

　　除此之外，董生所揭《春秋》「重民」、「無苦民」及「愛人」之說，更突顯儒家人本主義之精神。《漢書・五行志》以「為儒者宗」譽之，所論甚是。

# 三統與四法的提出

## ——董仲舒春秋學之歷史理論

# 第五章　三統與四法的提出

## ——董仲舒春秋學之歷史理論

　　「三統」與「四法」，是董仲舒春秋學的核心內容之一。透過三統與四法理論的建構，董仲舒試圖重塑歷史發展之理想模式，並賦予不同之歷史階段以相應的政治體制與禮樂節儀；此外，藉由三統與四法說的提出，董仲舒更試圖在現實政治層面上，為漢帝國之王命來源與體制改革，尋求法典上之根據。然歷來對於董仲舒歷史理論（學界或稱之為「歷史觀」、「歷史哲學」）之探討，或僅略述三統之形式架構及改制作科之相關內容[1]，或將焦點置於三統是否僅是形式上的改變，以及改制作科有無「變道」之實等層面上[2]；對於三統

---

[1]　例如：1、楊憲邦主編：《中國哲學通史》（北京：中國人民大學出版社，1990年），頁 99-100；2、丁禎彥、臧宏主編：《中國哲學史教程》（上海：華東師範大學出版社，1991 年），頁 149-151；3、肖萐父、李錦全主編：《中國哲學史》上卷（北京：人民出版社，1993 年 12 月），頁 314-315；4、孫廣德：《先秦兩漢陰陽五行說的政治思想》（臺北：臺灣商務印書館，1993 年 6 月），頁 129-131。

[2]　學界對於三統說之循環史觀，歷來存有兩種截然不同之見解。或認為三統說之循環史觀僅是形式上的改變，沒有任何實質的意義。例如：1、于首奎：〈董仲舒評傳〉，《兩漢哲學新探》（四川：四川人民出版社，1988 年），頁 122；2、馮友蘭：《中國哲學史新編》第三冊（北京：人民出版社，1992 年 5 月），頁 81-84；3、侯外廬等著：《中國思想通史》第二卷（北京：人民出版社，1992 年 9 月），頁 108-109；4、北京大學哲學系中國哲學史教研室編：《中國哲學史》上冊（北京：中華書局，1992 年），頁 211；5、姜

說在制度層面的具體建置及其現實意義，則缺乏系統性、整合性的分析。[3]至於「四法」之說，其文雖見今本《春秋繁露》〈三代改制質文〉，然學界對於此一論題，或缺而不論、或所論未詳[4]，就董仲舒歷史理論之整體架構，及禮樂節文之具體建置的理解而言，實皆有未周之處。本文所論，擬從漢初德位之爭的角度切入，略述董仲舒之所以提出三統說的可能原因，同時就董仲舒歷史理論之形式架構、改制作科之實質內涵及三統與四法之整合等問題，予以系統性的闡述，盼能揭示董仲舒歷史理論之組織架構及其具體內涵。

---

林祥、苗潤田：《中國哲學史》（天津：天津社會科學院出版社，1992 年），頁 158-160；6、任繼愈主編：《中國哲學史》第二冊（北京：人民出版社，1996 年 4 月），頁 88-90；7、張秋升：〈董仲舒歷史哲學初探〉，《南開學報》1997 年第 6 期（1997 年 11 月），頁 9-15。或認為三統說之循環史觀在原則上肯定了歷史的進步或進化，就本質上來說不是靜止不變的。例如：1、王永祥：《董仲舒評傳》（南京：南京大學出版社，1995 年），頁 329-330；2、汪高鑫：〈試析董仲舒的社會更化思想〉，《安慶師院社會科學學報》第 16 卷第 4 期（1997 年 11 月），頁 25-26。

3  學界論及三統說之制度層面者，約有以下數種：1、顧頡剛：〈五德終始說下的政治和歷史〉，《古史辨》第五冊（臺北：藍燈文化事業有限公司，1987 年 11 月），頁 435-446；2、賴慶鴻：《董仲舒政治思想之研究》（臺北：國立政治大學政治研究所博士論文，1980 年 7 月），頁 175-184；3、林麗雪：《董仲舒》，收入中華文化復興運動推行委員會主編：《中國歷代思想家》第二冊（臺北：臺灣商務印書館，1987 年 8 月），頁 62-73；4、華友根：《董仲舒思想研究》（上海：上海社會科學院出版社，1992 年 3 月），頁 134-139；5、蔣慶：《公羊學引論——儒家的政治智慧與歷史信仰》（瀋陽：遼寧教育出版社，1995 年 6 月），頁 302-304；6、宋榮培：〈董仲舒的歷史哲學：董氏春秋學的歷史哲學意義及其侷限〉，《哲學與文化》第 22 卷第 10 期（1995 年 10 月），頁 890-903。惟相關說法僅止於敘述性質，有必要進一步加以分析。

4  上引相關著作，除孫廣德、張秋升、顧頡剛、賴慶鴻、林麗雪、華友根、宋榮培之說外，其餘均未論及四法之說。除此之外，韋政通亦曾論及四法之問題，說見《董仲舒》（臺北：東大圖書公司，1986 年 7 月），頁 179-180。然此數家之說，除賴說曾觸及四法說之禮樂節文的具體建置外，餘皆只著重四法說所提出之歷史轉化模式，且鮮少就三統與四法之整合問題加以探討。

## 第一節　漢初德位之辨

王命之基礎源於天，此乃殷、周以降，歷代帝王篤守不移之信念。漢代開國之初，因天下初定，未暇更張；故因秦制度、襲秦正朔，行簡易以撫海內。[5]惟依史籍所載，高祖建國之初雖以秦制為立國基礎；然漢初學者論及漢帝國之王命問題，卻存在否認秦政權之合法性的傾向[6]；而在文帝即位之初，引發「漢德」之爭。《史記‧秦始皇本紀》云：

> 始皇推終始五德之傳，以為周得火德，秦代周德，從所不勝。方今水德之始，改年始，朝賀皆自十月朔，衣服旄旌節旗皆上黑。（頁 237）

《漢書‧律歷志上》則云：

> 戰國擾攘，秦兼天下，未皇暇也，亦頗推五勝，而自以為獲水德，乃以十月為正，色上黑。（頁 973）

---

5　《史記‧曆書》云：「是時天下初定，方綱紀大基，高后女主，皆未遑，故襲秦正朔服色。」（頁 1260）《漢書‧地理志》則云：「漢興，因秦制度，崇恩德，行簡易，以撫海內。」（頁 1543）至於漢承秦制之原因，可參李偉泰：〈漢初沿用秦制原因舊說辨正〉，《漢初學術及王充論衡述論稿》（臺北：長安出版社，1985 年 5 月），頁 23-39。

6　說詳王夢鷗：《鄒衍遺說考》（臺北：臺灣商務印書館，1966 年），頁 114；孫廣德：《先秦兩漢陰陽五行說的政治思想》，頁 127。

如史書所載，秦始皇統一中國後，即依鄒衍「土（黃帝）→木（夏禹）→金（商湯）→火（周）→水（？）」之五德終始理論而自居「水德」[7]；秦以水德自居，則依此理論往下推衍，漢繼秦而起，自應屬「土德」。然《史記》云：

> （沛公）祠黃帝，祭蚩尤於沛庭，而釁鼓旗，幟皆赤。由所殺蛇白帝子，殺者赤帝子，故上赤。（〈高祖本紀〉；頁 350）

> 二年，東擊項羽而還入關。問：「故秦時上帝祠何帝也？」對曰：「四帝，有白、青、黃、赤帝之祠。」高祖曰：「吾聞天有五帝，而有四，何也？」莫知其說。於是高祖曰：「吾知之矣，乃待我而具五也。」乃立黑帝祠，命曰北畤。（〈封禪書〉；頁 1378）

依《史記》所述觀之，高祖建國之初對於漢德仍未有定論[8]；直至高祖六年，張蒼才提出漢為水德之說。《史記‧張丞相列傳》云：

---

[7] 鄒衍之相關著述已佚，至今保存鄒衍學說最完整者，一般都認為是《呂氏春秋‧應同》。〈應同〉云：「凡帝王者之將興也，天必先見祥乎下民。黃帝之時，天先見大螾大螻。黃帝曰：『土氣勝！』土氣勝，故其色尚黃，其事則土。及禹之時，天先見草木，秋冬不殺，禹曰：『木氣勝！』木氣勝，故其色尚青，其事則木。及湯之時，天先見金刃生於水，湯曰：『金氣勝！』金氣勝，故其色尚白，其事則金。及文王之時，天先見火，赤鳥銜丹書，集於周社，文王曰：『火氣勝！』火氣勝，故其色尚赤，其事則火。伐火者必將水，天先見水氣勝。水氣勝，故其色尚黑，其事則水。」〔秦〕呂不韋撰、陳奇猷校釋：《呂氏春秋校釋》（上海：學林出版社，1990 年 12 月），頁 677。

[8] 《漢書‧高帝紀下》云：「漢承堯運，德祚已盛，斷蛇著符，旗幟上赤，協于火德，自然之應，得天統矣。」（頁 82）若依《漢書》所述，則高祖建國之初即以火德自居。然所謂「漢承堯運」，實本於昭帝時眭弘「漢家堯後」（《漢書‧眭兩夏侯京翼李傳》；頁 3154）之論；直至光武帝時，竇融、賈逵等，才正式提出「漢承堯運」之主張。《漢書‧竇融列傳》載融等遂聞光

張蒼為計相時，緒正律曆。以高祖十月始至霸上，因故秦時本以十月為歲首，弗革。推五德之運，以為漢當水德之時，尚黑如故。（頁2681）

張蒼「推五德之運」，以為漢當水德；衡諸前文所論，則張蒼之說顯然認為漢直承於周，而將秦朝排除在外。降及文帝即位，賈誼始正式提出漢為土德之主張。《史記‧屈原賈生列傳》云：

賈生以為漢興至孝文二十餘年，天下和洽，而固當改正朔，易服色，法制度，定官名，興禮樂。乃悉草具其事儀法，色尚黃，數用五，為官名，悉更秦之法。（頁2492）

《史記》所載，雖未明言賈生「推五德之運」，然觀文中「色尚黃，數用五」之論，可知賈誼之說仍以五德終始理論為基礎，而以漢當土德。就五德終始理論而言，漢之德位屬土若要成立，其前提必須是漢之前一代屬水；換言之，秦之統位必須予以承認，否則漢之德位屬土即無法成立。以此觀之，賈誼顯然承認秦政權之合法性，故其所得結論與張蒼明顯不同。然而，賈誼之說因文帝「謙讓未遑」，未獲施行。其後，魯人公孫臣又於文帝十四年，提出漢為土德之說。《史記‧孝文本紀》云：

---

武即位，乃與諸豪傑及太守計議，其中智者曰：「漢承堯運，歷數延長。……今稱帝者數人，而洛陽土地最廣，甲兵最彊，號令最明。觀符命而察人事，它姓殆未能當也。」（頁798）其後賈逵倡左氏之說，以為：「五經家皆無以證圖讖明劉氏為堯後者，而左氏獨有明文。」（《後漢書‧賈逵列傳》；頁1237）足見「漢承堯運」之說乃後起之事，非高帝本意。今從《史記》。

> 魯人公孫臣上書陳終始傳五德事，言方今土德時，土德應黃
> 龍見，當改正朔服色制度。天子下其事與丞相議。丞相推以
> 為今水德，始明正十月上黑事，以為其言非是，請罷之。十
> 五年，黃龍見成紀，天子乃復召魯公孫臣，以為博士，申明
> 土德事。（頁 429-430）

然而，漢文帝雖然令公孫臣「申明土德事」，但卻因新垣平事件而
擱置[9]；且十八年親郊渭陽五帝廟時，又「色尚赤」（《史記·孝文
本紀》；頁 430），足見漢德之爭在文帝時仍未獲得解決。漢定於土
德，乃在武帝之時。《漢書·郊祀志下》云：

> 漢興之初，庶事草創，唯一叔孫生略定朝廷之儀。若乃正朔、
> 服色、郊望之事，數世猶未章焉。至於孝文，始以夏郊，而
> 張蒼據水德，公孫臣、賈誼更以為土德，卒不能明。孝武之
> 世，文章為盛，太初改制，而兒寬、司馬遷等猶從臣、誼之
> 言，服色數度，遂順黃德。彼以五德之傳從所不勝，秦在水
> 德，故謂漢據土而克之。（頁 1270）

綜上所述，漢初對於王命來源及改制之問題，基本上是採用五
德終始理論加以論證；之所以會出現「水德」與「土德」之爭，關
鍵則在於是否承認秦政權的合法性：若承認秦政權之合法性，則漢
代秦而起，自屬土德；若否認秦政權之合法性，則漢應代周而立，
自屬水德。董仲舒之說與此有別。在王命來源與改制問題上，董仲

---

[9] 說詳《史記·孝文本紀》、〈曆書〉、〈封禪書〉；其文俱在，茲不具引。

舒基本上已脫離五德終始之論述架構，轉從儒家之主要經典——《春秋》——尋求立論根據。《漢書・董仲舒傳》云：

> 武帝即位，舉賢良文學之士前後百數，而仲舒以賢良對策焉。制曰：「……蓋聞五帝三王之道，改制作樂而天下合洽，百王同之。……三代受命，其符安在？」（頁 2495-2496）

在第一策中，董仲舒雖未對此問題明確加以回應，然於第二策對曰：

> 臣聞制度文采玄黃之飾，所以明尊卑，異貴賤，而勸有德也。故《春秋》受命所先制者，改正朔，易服色，所以應天也。（頁 2510）

可見董仲舒之所以提出「改正朔，易服色」之說，實與漢武帝希望「改制作樂」有關[10]；而董仲舒用以回應漢武帝者，則是以《春秋經》為依據，闡述其改制作樂之初步構想。至於完整之理論建構，則見於《春秋繁露・三代改制質文》。以下即以此篇為主，並輔以《春秋繁露》之相關記載，略述董仲舒歷史理論之形式架構及改制作科之實質內涵。

---

[10] 《史記・禮書》云：「今上即位，招致儒士，令共定儀，十餘年不就。或言古者太平，萬民和喜，瑞應辨至，乃采風俗，定制作。上聞之，制詔御史曰：『蓋受命而王，各有所由興，殊路而同歸，謂因民而作，追俗為制也。議者咸稱太古，百姓何望？漢亦一家之事，典法不傳，謂子孫何？化隆者閎博，治淺者褊狹，可不勉與！』乃以太初之元改正朔，易服色，封太山，定宗廟百官之儀，以為典常，垂之於後云。」（頁 1160-1161）〈孝武本紀〉則云：「夏，漢改曆，以正月為歲首，而色上黃，官名更印章以五字，因為太初元年。」（頁 483）武帝於即位之初即「招致儒士，令共定儀」，董仲舒以賢良對策，當在所召「儒士」之一；其後武帝改制雖採土德之說而未依董仲舒三統之論，然三統之說的提出與武帝立定「典法」之訴求，實有密切之關係。

# 第二節　三統與四法之形式架構

《春秋繁露‧三代改制質文》云：

> 《春秋》曰：「王正月。」傳曰：「王者孰謂？謂文王也。曷
> 為先言王而後言正月？王正月也。」何以謂之王正月？曰：
> 「王者必受命而後王。王者必改正朔，易服色，制禮樂，一
> 統於天下，所以明易姓非繼人，通以己受之於天也。王者受
> 命而王，制此月以應變，故作科以奉天地，故謂之王正月也。」
> 王者改制作科奈何？曰：「當十二色，歷各法而正色。逆數
> 三而復，紐三之前曰五帝，帝迭首一色；順數五而相復，禮
> 樂各以其法象其宜；順數四而相復，咸作國號，遷宮邑，易
> 官名，制禮作樂。故湯受命而王，應天變夏，作殷號，時正
> 白統。親夏、故虞，紐唐謂之帝堯，以神農為赤帝。……文
> 王受命而王，應天變殷，作周號，時正赤統。親殷、故夏，
> 紐虞謂之帝舜，以軒轅為黃帝，推神農以為九皇。
>
> 《春秋》應天作新王之事，時正黑統。王魯，尚黑，紐夏、
> 親周、故宋。」……然則其略說奈何？曰：「三正以黑統初。」
> 正黑統奈何？曰：「正黑統者，歷正日月朔於營室，斗建寅。
> 天統氣始通化萬物，物見萌達，其色黑。」……正白統奈何？
> 曰：「正白統者，歷正日月朔于虛，斗建丑。天統氣始蛻化物，

物始芽,其色白。」……正赤統奈何?曰:「正赤統者,歷正
日月朔于牽牛,斗建子。天統氣始施化物,物始動,其色赤。」

《春秋》當新王者奈何?曰:「王者之法,必正號,絀王謂
之帝,封其後以小國,使奉祀之。下存二王之後以大國,使
服其服,行其禮樂,稱客而朝。……《春秋》作新王之事,
變周之制,當正黑統。而殷周為王者之後,絀夏改號禹謂之
帝,錄其後以小國,故曰絀夏、存周,以《春秋》當新王。」……
故王者有不易者,有再而復者,有三而復者,有四而復者,
有五而復者,有九而復者。……王者以制,一商一夏,一質
一文。商質者主天,夏文者主地,《春秋》者主人。……四
法如四時然,終而復始,窮則反本。……天將授舜,主天法
商而王,……天將授禹,主地法夏而王,……天將授湯,主
天法質而王,……天將授文王,主地法文而王。(頁 184-212)

此段論述,含攝董仲舒歷史理論之形式架構、改制作科之相關內涵
(有關改制作科之詳細內容及其相關問題,說詳下文),以及《春
秋》當新王等多項重要命題。就歷史發展之形式架構而言,董仲舒
雖提出「再而復」(質文);「三而復」(正朔)、「四而復」(一商一
夏、一質一文)、「五而復」(五帝)及「九而復」(九皇)等多重歷
史架構[11];然其理論核心,則以「三統」與「四法」為主。

---

[11] 如〈三代改制質文〉所述,董仲舒所持之歷史理論特重「復」的過程,
而謂歷史發展有其循環往復的週期性演變。然今觀其說,實有自相違礙
之處。蓋就董生所述之歷史發展而言,九皇之下為五帝,五帝之下為三
代,則依董生「復」的循環觀點,則歷史發展自應依循「九」之數而依
次更迭,不當再有「五而復」、「三而復」的情況出現,否則歷史發展就

　　如〈三代改制質文〉所述，三統說就其表層架構而言實甚為簡單，蓋謂朝代更迭之序次為「黑→白→赤」，而其相應之朝代分別為「夏→商→周」。然如前所述，董仲舒歷史理論的提出與漢武帝希望改制作樂有關；換言之，董仲舒之所以提出三統說，最主要的目的在於論證漢帝國之王命來源，以及改制作科之理論基礎等問題。那麼，董仲舒對於漢帝國之王命來源的看法為何？

　　依三統理論之朝代更迭序次，代周而起者必屬黑統；而當此統位者，董仲舒並未依客觀歷史之發展加以論定，而是依其公羊學理論，認為是《春秋》。故前引文云：「王魯」、「《春秋》應天作新王之事」、「《春秋》當新王」、「《春秋》作新王之事」。[12]然而，《春秋》並非歷史上之「一代」，又如何能當一統之位？且如〈三代改制質文〉所述，王者必「受命」而後王；以《春秋》當新王，其受命之基礎為何？依董生，《春秋》「受命之符」，乃在「西狩獲麟」。《春秋繁露・符瑞》云：

> 有非力之所能致而自至者，西狩獲麟，受命之符是也。然後托乎《春秋》正與不正之間，而明改制之義，統乎天子，而加憂於天下之憂也，務除天下所患。（頁157）

---

會被割裂成三個「獨立」的階段，且彼此之間不相連屬。九皇、五帝、三代若各自獨立，則歷史發展就不可能有「復」的情況產生。由此可見，董仲舒所建構的多重歷史架構，在理論上是有問題的。然此非本文論述之重點，茲不詳述。

12　案：《春秋》當新王之義，在孟子的相關說法中已略見其端倪。《孟子・滕文公下》云：「世衰道微，邪說暴行有作。臣弒其君者有之，子弒其父者有之。孔子懼，作《春秋》。《春秋》，天子之事也。故孔子曰：『知我者其惟《春秋》乎？罪我者其惟《春秋》乎？』」（頁117）而發揮《春秋》當新王之義最詳者，即是董仲舒。

　　《春秋》既有受命之符，則《春秋》當新王之義即可獲得確認；《春秋》當新王之義既獲得確認，則《春秋》自屬「黑統」。《春秋》屬黑統，則依「黑→白→赤」之理論往下推衍，代《春秋》而起者必屬「白統」。然《漢書‧董仲舒傳》云：

> 夏上忠，殷上敬，周上文者，所繼之捄，當用此也。孔子曰：「殷因於夏禮，所損益可知也；周因於殷禮，所損益可知也；其或繼周者，雖百世可知也。」……繇是觀之，繼治世者其道同，繼亂世者其道變。今漢繼大亂之後，若宜少損周之文致，用夏之忠者。（頁2518-2519）

漢用「夏之忠者」，比觀前文「黑→白→赤」對應之朝代為「夏→商→周」，可見董仲舒認為漢應屬黑統。問題是，《春秋》與漢同屬黑統，則夾在兩代中間之秦應屬何統？

　　就客觀歷史發展的角度來說，秦代周而立，應屬三統說之黑統；同理，漢代秦而立，自應屬白統。但是，這樣的統序明顯與董仲舒所主張的漢屬黑統不合。由此觀之，董仲舒三統說並非以客觀歷史之發展為準據，而是依照己身之世界觀與價值觀重新觀照歷史，並以《春秋》取代秦之歷史地位；在三統說中，秦是被排除在外的（此一情況與前述主漢為水德者必否認秦政權之合法性頗為類似）。[13] 秦之統位既被排除在外，則漢乃繼《春秋》而立；然而，三統說既將秦排除在外，且又認為《春秋》與漢同屬黑統，這樣的

---

[13] 《春秋繁露‧郊語》云：「今秦與周俱得為天子，而所以事天者異於周。」（頁399）是董仲舒一方面以《春秋》取代秦之歷史地位，另一方面又不得不承認秦為天子此一歷史事實。就理論層面而言，董生之說實有未周之處。

安排方式，顯然與「黑→白→赤」之朝代更迭序次不合，此一現象
又應如何解釋？

　　事實上，董仲舒對於朝代更迭，並非透過五行生克的角度加以
立論。依五行理論，五行相克之次序為：水克火，火克金，金克木，
木克土，土克水；而五行相生之次序為：木生火，火生土，土生金，
金生水，水生木。今觀董仲舒「夏黑（相應於五行則為「水」，下
同）→商白（金）→周赤（火）→《春秋》黑（水）」之轉換程序，
從殷商至《春秋》為相克關係（水克火，火克金），頗合於五行相
克之論；然夏與商之間既非相克關係、也非相生關係（水不能克金，
亦不能生金），顯非五行生克理論所能解釋。由此可見，三統說與
五德終始理論，在結構上存在著相當大的差異。[14]既然三統說之朝

---

[14] 前引諸家之說，除馮友蘭外，大抵採取顧頡剛之說，認為三統說之理論架
構承襲自五德終始理論。有關三統與五德終始理論之關係，顧頡剛曾表列
說明如下：

| 代次 | 五德說 | 三統說 | 附記 |
|------|--------|--------|------|
| 夏前一代 | 土德（尚黃） | 赤統法商 | 此一代，五德說說為黃帝，三統說說為帝嚳 |
| 夏 | 木德（尚青） | 黑統法夏 | |
| 商 | 金德（尚白） | 白統法質 | |
| 周 | 火德（尚赤） | 赤統法文 | |
| 周後一代 | 水德（尚黑） | 黑統法商 | 此一代，五德說說為秦，三統說說為春秋 |
| 周後二代 | 土德（尚黃） | 白統法夏 | 此一代，漢文帝以下之五德說說為漢，三統說無文 |

根據此表，顧頡剛認為三統說與五德終始說最大的相同點，在於商、周及
周後一代，顏色完全一樣；並進一步推斷三統說可能是「割取了五德終始
說的五分之三而造成的。」說見：〈五德終始說下的政治和歷史〉，頁
443-444。本文認為，三統說受到五德終始說之影響，此乃不爭之事實；然
三統說與五德終始說在商、周及周後一代統位完全一樣，並不足以證明三
統說割取五德終始說：
1、如前表所示，三統說與五德終始說在夏前一代、夏以及周後二代之統

代更迭無法用相克或相生的角度加以說明，則《春秋》與漢之關係
就只能是「相承」關係；換言之，漢之統位是直接「接收」《春秋》
之統位而來的。如此說來，《春秋》之統位乃是「過渡（或預備）
性質」，並非「實然存在」。那麼，要如何解釋《春秋》此種「非實
然」之存在？公羊學者所提出的解決方式是：《春秋》為漢制法。

　　在今本《春秋繁露》之相關論述中，董仲舒並未明確提出《春
秋》為漢制法之理論。然《漢書・董仲舒傳》云：

　　　　故《春秋》受命所先制者，改正朔，易服色，所以應天也。
　　　　（頁 2510）

《春秋繁露・俞序》則云：

　　　　仲尼之作《春秋》也，上揆天瑞，王公之始，下明得失，起
　　　　賢才，以待後聖。（頁 158-159）

---

　　　位明顯有異；既然二者在朝代統位的安排上有半數不同，如何能依此
　　　證明三統說割取五德終始說？
　2、五行理論乃一不可分割之整體，是不能「割取」的；一經割取（無論
　　　所割取之行位為何），五行理論即喪失其相克與相生之功能，又如何能
　　　解釋朝代之更迭？可見割取之說，在理論上是不能成立的。
　又，蔣慶之說以為：「通三統說是今文說，終始五德說是古文說。通三統說
　是要解決新王興起改制立法時新王之統與前王之統的關係問題，終始五德
　說則是要解決某一朝代興起其必然宿命依據問題。三統說是為孔子作《春
　秋》當新王改制立法作理論上的說明，五德說則是為王莽篡漢作輿論上的
　準備。」《公羊學引論》（瀋陽：遼寧教育出版社，1995 年 6 月），頁 310。
　蔣氏所論，大體可從。然其說以為「五德說則是為王莽篡漢作輿論上的準
　備」，則於理實有未諦。蓋此說之立論，殆以五德說為劉歆所託為前提；而
　此一前提若要成立，就必須一併否定張蒼、賈誼、公孫臣、司馬遷之論（崔
　適已有此說，蔣氏蓋本之而論）。然而，要同時否定這麼多人的說法，不能
　只是隨意而論，若無堅實之文獻基礎，恐難服眾。

既云《春秋》「先制」、「待後聖」，則在董仲舒的觀念中，實已隱含《春秋》為漢制法之雛形。此一理論的出現，確實彌縫了三統說的理論缺陷。其說蓋以為，孔子雖立王者之法，但因無王者之位而未及施行，故存之以待後聖；其後漢興，在公羊家的看法中，漢自為孔子所待之後聖，而孔子所立之法即為漢所承繼。如此一來，漢非代《春秋》而立，而是承繼《春秋》代周而立；既然漢代周而立，則漢為黑統明矣！漢之統位既獲得確認，則漢帝國之王命來源與體制改革就有其來自於天的合法性基礎，此即董仲舒何以精心構作三統說之主要原因。

此外，董仲舒尚有「四法」之論。前引〈三代改制質文〉云：

> 故王者有不易者，有再而復者，有三而復者，有四而復者，有五而復者，有九而復者。……王者以制，一商一夏，一質一文。商質者主天，夏文者主地，《春秋》者主人。……四法如四時然，終而復始，窮則反本。……天將授舜，主天法商而王，……天將授禹，主地法夏而王，……天將授湯，主天法質而王，……天將授文王，主地法文而王。（頁200-204）

如董仲舒所述，所謂「四法」，實由「一商一夏，一質一文」配合「商質者主天，夏文者主地」所組構而成。就歷史發展之形式架構而言，四法說之循環順序為「商→夏→質→文」，而其對應之朝代分別為「舜→夏→商→周」；依此理論往下推衍，則繼周而起之《春秋》（或漢）應「主天法商」而王。很明顯的，四法說所持之朝代更迭理論與三統說不同。然董仲舒既將二者置於同一論述架構底

下，則就理論上而言，三統與四法應有其內在的邏輯關係。茲表列說明如下：

| 代次 | 朝代 | 三統 | 四法 | 備註 |
|---|---|---|---|---|
| 一 | 夏前一代 | 赤統 | 主天法商 | 此一代四法說說為舜 |
| 二 | 夏 | 黑統 | 主地法夏 | |
| 三 | 商 | 白統 | 主天法質 | |
| 四 | 周 | 赤統 | 主地法文 | |
| 五 | 周後一代 | 黑統 | 主天法商 | 此一代，三統說說為《春秋》，四法說無明文 |
| 六 | 周後二代 | 白統 | 主地法夏 | |
| 七 | 周後三代 | 赤統 | 主天法質 | |
| 八 | 周後四代 | 黑統 | 主地法文 | |
| 九 | 周後五代 | 白統 | 主天法商 | |
| 十 | 周後六代 | 赤統 | 主地法夏 | |
| 十一 | 周後七代 | 黑統 | 主天法質 | |
| 十二 | 周後八代 | 白統 | 主地法文 | |

　　如上表所示，董仲舒歷史理論之形式架構實以「十二代」為一循環。[15]依此理論，朝代更迭除依「黑→白→赤」之序依次遞嬗外，

---

[15] 孫廣德亦有類似之看法，然其說以為十二代之循環序次為：

| 黑統 | 白統 | 赤統 | 黑統 | 白統 | 赤統 | 黑統 | 白統 | 赤統 | 黑統 | 白統 | 赤統 |
|---|---|---|---|---|---|---|---|---|---|---|---|
| 法商 | 法夏 | 法質 | 法文 | 法商 | 法夏 | 法質 | 法文 | 法商 | 法夏 | 法質 | 法文 |

說詳：《先秦兩漢陰陽五行說的政治思想》，頁 131。然今觀董仲舒「（舜）主天法商而王」、「（禹）主地法夏而王」、「（湯）主天法質而王」、「（文王）主地法文而王」之論，夏黑統應主地「法夏」而王，不應主天「法商」而王（其餘各統亦然），孫說顯然不符董生立論之旨。

又必須配合「商→夏→質→文」之轉換程序。根據此一模式，則朝代更迭之順序及其相應之法統應為：

　　夏：主地法夏而王，當黑統；

　　商：主天法質而王，當白統；

　　周：主地法文而王，當赤統；

　　《春秋》：主天法商而王，當黑統。

　　此即董仲舒理想中之歷史轉化模式。然而，這只是董仲舒歷史理論的表層架構而已；就其深層結構而言，董仲舒更試圖賦予不同之歷史階段以相應的政治制體與禮樂節儀，由此而建構出一理想的存在秩序。此一理想之存在秩序，才是董仲舒建構其歷史理論的最終目的。以下試就董仲舒理想中之秩序形態加以闡述，以明董仲舒歷史理論之實質內涵。

# 第三節　改制作科之實質內涵

　　如前所述，董仲舒認為歷史發展除依「黑→白→赤」之順序依序更迭外，尚必須配合「商→夏→質→文」之轉換程序；而其有關不同歷史階段之秩序形態的相關論述，亦均相對於此一歷史架構。為便於下文分析，茲依〈三代改制質文〉所述，將其相關論點條列整理如下，兼明三統與四法說之理論架構。

三統說制度表[16]

| 三統<br>制度 | 黑統 | 白統 | 赤統 |
|---|---|---|---|
| 朝代 | 夏<br>《春秋》<br>漢 | 商 | 周 |
| 正朔 | 營室 | 虛 | 牽牛 |
| 歲首 | 建寅 | 建丑 | 建子 |
| 物色 | 尚黑 | 尚白 | 尚赤 |
| 朝正 | 平明 | 鳴晨 | 夜半 |
| 服制 | 朝正服黑，首服藻黑，大節綬幘尚黑 | 朝正服白，首服藻白，大節綬幘尚白 | 朝正服赤，首服藻赤，大節綬幘尚赤 |
| 輿制 | 正路與質黑，馬黑，旗黑 | 正路與質白，馬白，旗白 | 正路與質赤，馬赤，旗赤 |
| 郊制 | 郊牲黑，犧牲角卵 | 郊牲白，犧牲角繭 | 郊牲赤，犧牲角栗 |
| 冠制 | 冠於阼 | 冠於堂 | 冠於房 |
| 婚制 | 禮逆於庭 | 禮逆於堂 | 禮逆於戶 |
| 喪制 | 殯於東階之上 | 殯於盈柱之間 | 殯於西階之上 |
| 祭制 | 祭牲黑牡，薦尚肝 | 祭牲白牡，薦尚肺 | 祭牲騂牡，薦尚心 |
| 樂制 | 樂器黑質 | 樂器白質 | 樂器赤質 |
| 刑制 | 法不刑有懷任新產者 | 法不刑有懷任 | 法不刑有身，重懷藏以養微 |

　　如上表所示，董仲舒認為不同之統位除了有其相應的政治體制外，還必須配合相應的禮樂節文；其所涉及之範圍含攝王權象徵之

---

[16] 本表所列，酌參王永祥：《董仲舒評傳》（南京：南京大學出版社，1995年），頁330；林麗雪：《董仲舒》，收入中華文化復興運動推行委員會主編：《中國歷代思想家》（臺北：臺灣商務印書館，1987年8月），第2冊，頁63；蔣慶：《公羊學引論》，頁304；賴慶鴻：《董仲舒政治思想之研究》（臺北：國立政治大學政治研究所博士論文，1980年7月），頁180。

「改正朔」、「易服色」，以及人倫世界之種種禮儀規範。此種依序循環的制度變革，若僅就三代而言，當然有明顯的變化；然若依此不斷推衍，則相同統位之政治體制與禮樂節文，就僅僅只是「照例」變更，又如何能因應不同的歷史變化及其需求？且董仲舒明云：

> 王者有改制之名，亡變道之實。（《漢書·董仲舒傳》；頁2518）

> 今所謂新王必改制者，非改其道，非變其理；受命於天，易姓更王，非繼前王而王也。若一因前制，修故業，而無有所改，是與繼前王而王者無以別。……若夫大綱、人倫、道理、政治、教化、習俗、文義盡如故，亦何改哉？（〈楚莊王〉；頁17-18）

以此觀之，董仲舒三統理論所強調的改制作科，似乎僅具形式意義，而沒有任何實質的改變。然而，董仲舒之所以特別突顯「王者有改制之名，亡變道之實」，最重要的關鍵並不在於道之實質內涵有無改變。誠如董仲舒所述：

> 道者，所繇適於治之路也，仁義禮樂皆其具也。（《漢書·董仲舒傳》；頁2449）

> 樂而不亂、復而不厭者謂之道，道者萬世亡弊，弊者道之失也。（《漢書·董仲舒傳》；頁2518）

道既可反復行之而萬世無弊，顯示道具有「整全」及「亙古不變」之特質；就此而言，道之實質內涵本就無須改變。問題是，道之實質內涵無所改變，是否意味著改制作科僅具形式意義呢？

　　本文認為，歷來之所以將焦點置於改制作科有無變道之實此一層面，並對董仲舒「王者有改制之名，亡變道之實」多所非議，究其原因，實出於忽略歷史發展有其不變之文化基礎。就一般對於歷史發展的理解而言，「改朝換代」似乎是歷史「發展」最明確的標誌；藉由此一標誌，人們可以深切地感受到歷史的變遷。然而，歷史之發展並非僅是形式上的改朝換代而已；在一家一姓的轉換背後，人類歷史發展尚有其不變的內在要素。此一不變的內在要素，用董仲舒的話來說，即是「大綱、人倫、道理、政治、教化、習俗、文義」之「道」，也就是維繫人類永續存在的整體文化建構及其根本價值。從此一角度來說，董仲舒認為王者「亡變道之實」，確實掌握了歷史發展的主軸核心；缺乏此一軸心，人類即無任何「歷史」可言。然而，在不變的歷史軸心底下，人類歷史之發展尚有其「變化」的一面；如何因應不同的歷史情境而予以適當的處置，更是人類所不能忽略的重要課題。對此，董仲舒明確指出：

> 先王之道必有偏而不起之處，故政有眊而不行，舉其偏者以補其弊而已矣。三王之道所祖不同，非其相反，將以捄溢扶衰，所遭之變然也。……然夏上忠，殷上敬，周上文者，所繼之捄，當用此也。孔子曰：『殷因於夏禮，所損益可知也；周因於殷禮，所損益可知也。其或繼周者，雖百世可知也。』此言百王之用，以此三者矣。（《漢書・董仲舒傳》；頁2518）

「道」必須有所「損益」以因應「所遭之變」，則在董仲舒對於歷史的理解中，道之基本原則雖說不可改易，然道之具體呈現則可因時制宜而略作「調整」，以達致「補其弊」與「捄溢扶衰」的效果。很顯然的，董仲舒並未一味強調道之基本原則，就道落實於人間世而言，如何因應不同的時代需求而予以適當的調整，並藉由此一調整，進而使歷史發展回歸常道，才是董仲舒歷史理論之主要內涵所在。由此觀之，董仲舒對於「歷史」的理解實有其深刻的體認，忽略「常道」在歷史發展過程中所扮演的積極角色，恐難儘符董生立說之旨趣。

## 第四節　結語

綜上所述，董仲舒對於歷史之理解，並非以客觀歷史發展為準據，而是以己身之世界觀與價值觀重新觀照歷史，並進而建構出一理想的歷史模型及其應有之內涵，企圖藉此建構出理想的秩序形式及其對應方針，由此而形成一穩定的秩序轉換模式與內容架構。其說重點有三：

一、就歷史發展之形式架構而言：董仲舒認為歷史發展除依「黑→白→赤」之順序依序更迭外，尚須配合「商→夏→質→文」之轉換程序，由此而構成十二代一循環之歷史轉換模式。

二、就改制作科之實質內涵而言：董仲舒認為歷史發展有其不變之道，故「王者有改制之名，亡變道之實」；在此一基本原則底

下，董仲舒又認為道必須因應不同的歷史變化而予以適當的「損益」，並藉由此一調整，使歷史發展回歸常道。

三、就現實政治之具體層面而言：董生之說，實與漢武帝希望「改制作樂」有關。而董生用以論述改制之基礎者，則是援《春秋》以立論，初步確立《春秋》為漢制法之理論基礎，為漢帝國之王命來源與體制改革，奠定「法典」之根據。

# 推陰陽以治《春秋》

## ——董仲舒春秋學之災異理論

# 第六章　推陰陽以治《春秋》

## ——董仲舒春秋學之災異理論

　　災異之論，以今日觀之，其說或不雅馴；然在兩漢，談災論異，卻是彼時之主流思潮；流風所及，不僅左右當代之朝政時局[1]，更遍及經學、思想等諸多領域。《漢書・翼奉傳》云：

> 《易》有陰陽，《詩》有五際，《春秋》有災異，皆列終始，推得失，考天心，以言王道之安危。（頁 3172）

---

[1]　有關災異與兩漢政治關係之探討，詳參孫廣德：《先秦兩漢陰陽五行說的政治思想》（臺北：臺灣商務印書館，1993 年 6 月），第五章，〈災異祥瑞與政治責任〉，頁 227-287；于振波：〈漢代「天人感應」思想對宰相制度的影響〉，《中國社會科學院研究生院學報》，1994 年第 6 期，頁 73；陳業新：《災害與兩漢社會研究》（上海：上海人民出版社，2004 年 4 月），頁 232-235；謝仲禮：〈東漢時期的災異與朝政〉，《中國社會科學院研究生院學報》，2002 年第 2 期，頁 76-80；吳青：〈災異與漢代社會〉，《西北大學學報》，1995 年第 3 期，頁 39-45。拙著《東漢讖緯學研究》（臺北：國立臺灣師範大學國文學系博士論文，2005 年 7 月）對此亦多所著墨，說詳：第四章〈讖緯與災異——兩漢之災異思潮與讖緯之災異論述〉，頁 221-239；〈附錄三：兩漢書疏對策所涉陰陽災異篇目表〉，頁 443-445；〈附錄四：兩漢詔書所涉陰陽災異一覽表〉，頁 447-450；〈附錄五：兩漢因災異策免三公一覽表〉，頁 451-454。

〈五行志〉則云：

> 昔殷道弛，文王演《周易》；周道敝，孔子述《春秋》。則乾
> 坤之陰陽，效〈洪範〉之咎徵，天人之道粲然著矣。(頁1316)

如《漢書》所述，《易》、《書》、《詩》與《春秋》，實皆與災異有
關。[2]而首開兩漢災異之風者，即是董仲舒。《漢書·五行志》云：

> 董仲舒治《公羊春秋》，始推陰陽，為儒者宗。宣、元之後，
> 劉向治《穀梁春秋》，數其禍福，傳以〈洪範〉，與仲舒錯。……
> 是以攬仲舒，別向、歆，傳載睦孟、京房、谷永、李尋之徒所
> 陳行事，訖於王莽，舉十二世，以傳《春秋》，著於篇。(頁
> 1317)

今觀班書所舉諸家，無一不以論說陰陽災異見長；可見董生所推之
「陰陽」，實即陰陽災異之說。推闡陰陽災異而位至「儒宗」，則災
異於兩漢學術，實有其特殊之歷史地位；而論及兩漢之災異風潮，
董生之說，又居開宗立義之關鍵角色。董生災異之論，前文已略有
述及；本章所論，即以前文為基礎所增衍而成。惟詳略有別，要在
明其大義而已。

---

2　皮錫瑞曾指出：「漢有一種天人之學而齊學尤盛。《伏傳》五行，《齊詩》
　　五際，《公羊春秋》多言災異，皆齊學也。《易》有象數占驗，《禮》有明
　　堂陰陽，不盡齊學，而其旨略同。」說見〔清〕皮錫瑞著、周予同注釋：
　　《經學歷史》(北京：中華書局，1989年4月)，頁106。如皮氏所云，
　　則五經皆與災異有關。

## 第一節　災異名義之釐定

「災異」之名，未見先秦典籍之記載；降及兩漢，則《漢書‧董仲舒傳》載武帝策董生之問曰：

> 三代受命，其符安在？災異之變，何緣而起？（頁 2496）

「災異」之「名」，當首見於此。[3]而首揭「災異」之「義」者，即是董仲舒。其對策云：

> 臣謹案《春秋》之中，視前世已行之事，以觀天人相與之際，甚可畏也。國家將有失道之敗，而天乃先出災害以譴告之；不知自省，又出怪異以警懼之；尚不知變，而傷敗乃至。以此見天心之仁愛人君而欲止其亂也。（《漢書‧董仲舒傳》；頁 2498）

> 及至後世，淫佚衰微，不能統理群生，諸侯背畔，殘賊良民以爭壤土，廢德教而任刑罰。刑罰不中，則生邪氣；邪氣積

---

[3] 案：學界之說，或以「災異」之名源於《新語‧明誡》「惡政生惡氣，惡氣生災異」之說。然四庫館臣云：「惟《玉海》稱：陸賈《新語》，今存于世者，〈道基〉、〈術事〉、〈輔政〉、〈無為〉、〈資賢〉、〈至德〉、〈懷慮〉，才七篇。此本十有二篇，反多于宋本，為不可解。或後人因不完之本，補綴五篇以合本傳舊目也。」〔清〕紀昀等：《欽定四庫全書總目》（北京：中華書局，1997 年 1 月），頁 1196。如四庫館臣之說，則〈明誡〉一篇當為後人補綴而成，難據以為論。

於下，怨惡畜於上。上下不和，則陰陽繆戾而妖孽生矣。此
災異所緣而起也。(《漢書‧董仲舒傳》；頁 2500)

《春秋繁露‧必仁且智》則曰：

天地之物，有不常之變者謂之異，小者謂之災。災常先至，
而異乃隨之。災者，天之譴也；異者，天之威也。譴之而不
知，乃畏之以威。……凡災異之本，盡生於國家之失。國家
之失乃始萌芽，而天出災害以譴告之；譴告之而不知變，乃
見怪異以驚駭之；驚駭之尚不知畏恐，其殃咎乃至。(頁
259-260)

如董生所述，「災異」之所起，實緣於「國家之失」；而天之所以降
下災異，則以「仁愛人君」為本旨，要在匡救過失以止國亂。是依
董生之意，「災異」實乃天之「仁心」的體現；而天心之體現，又
有「譴」、「威」之差別：「災」為「天之譴」，「異」乃「天之威」。
此即董生對於災異所下之界定。此一界定，其要有二：
一、「災」、「異」有「先後」之別
　　　如董生所述，國家將有失道之敗，天乃「先出災害」以譴
　　告之；不知自省，「又出怪異」以警懼之。是在「災」、「異」
　　之先後關係上，董生實主「災先異後」之論。故云：「災常先
　　至，而異乃隨之。」
二、「災」、「異」有「輕重」之分
　　　依董生之意，「災」為「天之譴」，「異」乃「天之威」；前
　　者著重「示警」之功能，後者則明示「懲罰」之宗旨。「示警」

與「懲罰」，自以後者為重。以此觀之，在「災」、「異」之輕重程度上，董生實持「災輕異重」之說。

「災先異後」與「災輕異重」，此乃董生對於「災異」之主要理解。惟此理解，與兩漢諸說略有差別：

一、就「災」、「異」之「內涵」而言：

依《公羊傳》，所謂「災」，乃指水、火、旱、螟、螽、疫等能立即造成顯著傷害之災禍；而所謂「異」，則指日蝕、星隕、星孛（以上屬天文異象）、雨雪、無冰、不雨、隕霜（以上屬氣候異常）、多麋、有蜮、有蜚（以上屬物異之變）等不致於造成立即危險之現象，以及地震、山崩等。[4]其他如《毛詩正義》引鄭駁《異義》與〈洪範五行傳〉云：「非常曰異，害物曰災。」[5]《太平御覽》卷874〈咎徵部一〉引〈洪範五行傳〉云：「凡有所害謂之災，無所害而異於常謂之異。」[6]《公羊傳‧襄公九年》疏引《五行書》云：「害物為災，不害物為異。」（頁245）此類說法，皆以「害物」與否作為判定「災」、「異」之標準。董生則未明示此義。

二、就「災」、「異」之「先後」而言：

董仲舒認為「災」、「異」有先後之別，且「災先異後」。然《白虎通‧災變》引《春秋潛潭巴》曰：「災之為言傷也，

---

[4] 詳參黃啟書：《董仲舒春秋學中的災異理論》（臺北：國立臺灣大學中國文學研究所碩士論文，1995年5月），頁50-53；黃肇基：《漢代公羊學災異理論研究》（臺北：文津出版社，1998年5月），頁82-87。

[5] 〔漢〕鄭玄箋、〔唐〕孔穎達正義：《毛詩正義》（臺北：藝文印書館，1989年1月），頁397。

[6] 〔宋〕李昉等：《太平御覽》（北京：中華書局，1960年2月），頁4008。

隨事而誅；異之為言怪也，先發感動之也。」[7]《論衡・譴告》引儒者之說云：「人君失政，天為異；不改，災其人民；不改，乃災其身也。先異後災，先教後誅之義也。」（頁 645）何休《春秋公羊解詁》則曰：「異者，非常而可怪，先事而至者。」（頁 26）「災者，有害於人物，隨事而至者。」（頁 36）以字面觀之，董仲舒對於災異先後之判定，明顯與漢儒之諸多說法，正相對反。

三、就「災」、「異」之「輕重」而言：

董仲舒認為「災」、「異」有輕重之別，此一說法，上引諸說均未提及。惟此論斷，卻似又本諸《公羊傳》。如定公元年，「霣霜殺菽。」《公羊傳》云：「何以書？記異也。此災菽也，曷為以異書？異大乎災也。」（頁 317）「異」既然大乎「災」，則《公羊傳》似亦存有「災小異大」之觀念；而「災小異大」與「災輕異重」，其實並無二致。

如上所述，明分《春秋》所載天災異變為「災」、「異」二者，其說雖不始於董生；然以「災」、「異」為「天之譴」、「天之威」，並進而擴衍為「災異譴告」之說，其義實由董生發之。[8]而董生所揭災異之旨，總述其要，則有四端：

---

7　〔漢〕班固撰、〔清〕陳立疏證：《白虎通疏證》（北京：中華書局，1994年 8 月），頁 268。

8　「災」、「異」有別，其說發自《公羊傳》，詳參下引黃啟書之論。惟《公羊傳》雖依《春秋》所錄明分「記災」與「記異」之別，然如奚敏芳所云：「《公羊傳》本乎孔子之旨，……於《春秋》災異一百三十八條中有說者五十五條，而提及『天戒』、『天災』者各一處，且均一、二句點到為止，止曰『天戒之』、『上變古易常，應是而有天災』，更無一語增飾渲染，……足見公羊說災異之簡明節制，謹守聖人本旨。」說見：〈公羊傳災異說考辨〉，

一、災異緣於國家之失；

二、災異本於天志之仁；

三、「災」、「異」有「先後」之別──災先異後；

四、「災」、「異」有「輕重」之分──災輕異重。

　　此數項災異所蘊意旨，第四項本諸《公羊傳》；而一、二兩項，則為日後漢儒論說災異之所本。至於「災先異後」之論定，董生所述，則明顯與兩漢之主流看法不同。而造成此一差異之主因，當與諸家對於災異「內涵」之認定「不同」有關。蓋依董生之說，「災」、「異」皆為「不常之變」，而「災輕異重」。因此，依天以仁愛人君為本旨的角度而言，國家有失，天必先示警，不改，而後才出之以懲戒。準此而言，董生持「災先異後」之論，實有其理論之一致性。而其他漢儒之說則以「害物」與否作為判定「災」、「異」之基準，「異」既不害於物，則其影響層面小；而依「先示警後懲戒」之程序，自當先警之以異，而後在懲之以災，故有「異先災後」之論。「災先異後」與「異先災後」，其名有別，其實則一。

---

《孔孟學報》，第 73 期，頁 51。《公羊傳》於《春秋》所載天災異變之詮釋，並未刻意渲染傅會；緣《春秋》所載天災異變而加以渲染推衍者，董生實開此風之先河。

# 第二節　災異詮釋之理據

　　詮災解異，其源甚古。於先秦，彼時哲人用以詮釋天災異象者，主要有三大系統：一是藉陰陽、五行與分野之說以解釋異象與人事之關係，二為《尚書‧洪範》所提出之庶徵理論，三乃《管子》以降迄《呂氏春秋》所發展而成之月令系統。[9]此類說解雖與儒家經典有關，但不足以蔚為風尚。降及兩漢，儒家經典漸受重視；而武帝立五經博士，更將儒家經典之學推向頂峰。於此同時，儒家經典亦有逐步「災異化」之趨勢，由《尚書》繼而擴衍至《春秋》、《詩經》與《周易》。而漢儒首援災異以釋經典，又進而以經典作為災異詮釋之基礎者，其說亦肇端於董仲舒。而董生所依經典，即為孔子手書之《春秋》。此外，前文業已指出，董生認為災異之所起，實緣於國家之失；而天本其仁愛人君之旨，故降下災異以為示警與懲戒。是天人之間，實存有「相應」之關係。然此相應之關係如何成立？此又涉及災異詮釋之形上根據緣何而立之問題。以下即就災異詮釋之經典基礎及其形上根據略作說明，以明董生災異論述之理論基礎。

---

[9]　說詳拙著：《東漢讖緯學研究》，頁 193-204。

## 一、經典基礎

　　《春秋》一書，凡二百四十二年；所書災異，百有二十餘起。以《春秋》用字之精簡，平均每兩年即有一次「天災異變」之記錄，足見孔子對此非常重視。然而，《春秋》一書何以逢災必書、遭異必記？從歷史記錄的角度來說，孔子殆或如實言之，未必寓有深義。然自孟子人力提倡《春秋》褒貶之旨以降，以《春秋》內蘊孔子立說之「微言大義」，即成學者論說之通義。《春秋》既內含孔子立說之微言大義，則《春秋》所書天災異變，自亦有其微言要旨，非僅客觀之歷史記錄而已。惟如前文所述，《公羊傳》對於《春秋》所載天災異變之詮釋，猶仍點到為止，並未刻意渲染傅會。董生之說則不然。在董仲舒之相關論述中，不僅特意將「天」與《春秋》勾合為一，甚至將「災異」視為《春秋》之「至意」之所在，繼而以此為基礎，展開其對於《春秋》所載天災異變之解釋。《漢書・董仲舒傳》云：

> 孔子作《春秋》，上揆之天道，下質諸人情，參之于古，考之於今。故《春秋》之所譏，災害之所加也；《春秋》之所惡，怪異之所施也。書邦家之過，兼災異之變，以此見人之所為，其美惡之極，乃與天地同流，而往來相應，此亦言天之一端也。（頁 2515）

《春秋繁露・楚莊王》云：

> 《春秋》之道，奉天而法古。（頁 14）

〈精華〉則曰：

> 今《春秋》之為學也，道往而明來者也。然而其辭體天之微，
> 故難知也。（頁96）

如董生所述，孔子作《春秋》，係「奉天」而為，以「天道」作為
最終之基準。而天之意向，除藉由陰陽五行加以呈現外（說詳下
文），另一重要之管道，即是透過《春秋》之「辭」以顯其微旨。
故《春秋》之所譏，即災害之所加；《春秋》之所惡，亦怪異之所
施。是依董生之理解，整部《春秋》，實即「天意」之體現；而其
褒貶，即藉由《春秋》所錄「災害」、「怪異」加以呈現。透過災異，
人之行為的美惡，即與天地同流而相應。災異既有如此大用，故董
生又以之為《春秋》「至意」之一端。《春秋繁露‧二端》云：

> 《春秋》至意有二端，不本二端之所從起，亦未可與論災異
> 也，小大微著之分也。……故書日蝕、星隕、有蜮、山崩、
> 地震、夏大雨水、冬大雨雹、隕霜不殺草、自正月不雨至於
> 秋七月、有鸛鵒來巢。《春秋》異之，以此見悖亂之徵。……
> 《春秋》舉之以為一端者，亦欲其省天譴而畏天威，內動於
> 心志，外見於事情，修身審己，明善心而反道者也。（頁
> 155-156）

所謂「二端」，文中雖未明示「二」之所指，然「災異」為《春秋》
「至意」之一端，當無疑問。《春秋》之義，依董生所論，至少含
攝二端、三統、四法、五始、六科、十指等多重層面。而在此諸
多《春秋》所蘊義旨中，董生特以災異為《春秋》「至意」之所在；

準此而言，災異又為聖人立說之核心。以災異為《春秋》立說之核心，災異之說即有其源於經典之基礎，非泛泛不經之論所可倫比；經典基礎既明，災異之說自此乃登堂入室，而漸成兩漢學術之主流。董生以降，儒家經典「災異化」即蔚為風潮；除《春秋》外，《易》、《書》、《詩》等，無不成為漢儒論述災異之憑藉。前引《漢書・翼奉傳》所謂：「《易》有陰陽，《詩》有五際，《春秋》有災異，皆列終始，推得失，考天心，以言王道之安危。」即為顯例。災異詮釋之經典基礎的確立，實為兩漢災異之風盛行不墜的主要原因之一；而首援儒家經典以為詮釋災異之基礎，其說實由董生發之。

## 二、形上根據

天人相應，其說由來已久。如《周易・乾卦・文言》：云「同聲相應，同氣相求。……本乎天者親上，本乎地者親下，則各從其類也。」[10]《莊子・漁父》云：「同類相從，同聲相應，固天之理也。」（頁 1027）《呂氏春秋・應同》云：「類固相召，氣同則合，聲比則應。」（頁 678）《禮記・樂記》云：「萬物之理，各以類相動也。」（頁 681）「同類相召」、「同氣相求」，此為先哲闡述天人相應之理時，最常見之說法。董生之說，亦有此義。《春秋繁露・人副天數》云：

> 觀人之體一，何高物之甚，而類於天也。（頁 355）

---

[10] 〔晉〕王弼注、〔唐〕孔穎達正義：《周易正義》（臺北：藝文印書館，1989年 1 月），頁 15。

而講述此理尤為具體者，則見〈同類相動〉。其文云：

> 今平地注水，去燥就濕；均薪施火，去濕就燥。百物去其所
> 與異，而從其所與同。故氣同則會，聲同則應，其驗皦然也。
> 試調琴瑟而錯之，鼓其宮則他宮應之；鼓其商則他商應之。
> 五音比而自鳴，非有神，其數然也。美事召美類，惡事召惡
> 類，類之相應而起也。如馬鳴則馬應之，牛鳴則牛應之。帝
> 王之將興也，其美祥亦先見，其將亡也，妖孽亦先見，物故
> 以類相召也。（頁358-359）

如董生所云，物類之間之所以常有相互感應之現象，實為同類相動
之故；比之於人事，其理亦然，故有帝王將興則美祥先見之說。人
體既然類於天，則其諸多構造，自也與天相符。故《春秋繁露・人
副天數》云：

> 人有百六十節，偶天之數也；形體骨肉，偶地之厚也。（頁354）
> 天地之符，陰陽之副，常設於身，身猶天也，數與之相參，
> 故命與之相連也。天以終歲之末，成人之身。故小節三百六
> 十六，副日數也；九節十二分，副月數也；內有五臟，副五
> 行數也；外有四肢，副四時數也；乍視乍瞑，副晝夜也；乍
> 柔乍剛，副冬夏也；乍哀乍樂，副陰陽也；心有計慮，副度
> 數也；行有倫理，副天地也。（頁356-357）

如董生之說，人之存在，不僅外在之身體結構與天相符，內在之情志、
思慮，以及外在之倫理規範，亦皆以天為取法之原則。故小節副日數、

大節副月數、五臟副五行、四肢副四時……。然而，同類何以能相動，人之形體又何以偶副天數？《春秋繁露‧順命》云：

> 天者，萬物之祖，萬物非天不生。（頁410）

〈為人者天〉則曰：

> 為生不能為人，為人者天也。人之人本於天（《義證》引盧文弨云：「人之人，疑當作人之為人」），天亦人之曾祖父也。此人之所以乃上類天也。人之形體，化天數而成；人之血氣，化天志而仁；人之德性，化天理而義。人之好惡，化天之曖清；人之喜怒，化天之寒暑；人之受命，化天之四時。（頁318）

如董生所述，天為萬物之祖，人亦由天所生。然天之生人，不僅生之而已，更賦予人源自於天之存在屬性，故人之形體、血氣、德性、喜怒、好惡、受命等，亦皆稟受於天而為己身之所有。天人同構之所以可能，其理在此。故云：「此人之所以乃上類天也。」而此天之「內容」，董生又藉「氣」加以說明：

> 天地之氣，合而為一，分為陰陽，判為四時，列為五行。（《春秋繁露‧五行相生》；頁362）

> 天有十端，十端而止已：天為一端，地為一端，陰為一端，陽為一端，火為一端，金為一端，木為一端，水為一端，土為一端，人為一端，凡十端而畢，天之數也。（《春秋繁露‧官制象天》；頁216-217）

> 天、地、陰、陽、木、火、土、金、水，九，與人而十者，
> 天之數畢也，故數者至十而止，書者以十為終，皆取之此。
> (《春秋繁露‧天地陰陽》；頁 465)

如董生所言，天實由「天、地、陰、陽、木、火、土、金、水、人」
所構成；而天地合為一氣，一氣化為陰陽，陰陽化而為五行。以此
觀之，董生所謂之天，又實為氣之運化所構成。天地、陰陽、五行
皆蘊含「氣」之內容，則作為天之十端之一的「人」，當然也稟具
著氣以為其存在之基礎。天人相應之理，亦緣此得以展現。故云：
「天有陰陽，人亦有陰陽。天地之陰氣起，而人之陰氣應之而起；
人之陰氣起，而天地之陰氣亦宜應之而起，其道一也。」(《春秋繁
露‧同類相動》；頁 360) 天人相應，有其緣於天之形上基礎；董
生所建構之災異譴告理論，方有其立說之根據。

　　如上所述，董生災異之說，係建構於天人相應此一基礎上；而
天人之所以能相應，則本諸天人同類、天人同構之理則。除此之外，
董生又藉孔子手書之《春秋》，建構一以儒家經典為基礎之災異理
論。由此可見，董生提出災異譴告之說，實為精心刻劃之結果，而
非一時興起之論。災異理論之形上根據與經典基礎既明，以下即就
董生災異詮釋之方法與原則略作說明。

## 第三節 災異詮釋之法則

如前所述，兩周時期，彼時所藉以詮釋異象與人事之關係者，主要有陰陽、五行、分野、庶徵及月令等。而董生所論，依《漢書‧五行志》及《春秋繁露》之記載，主要係以陰陽五行為主，間亦涉及星象分野之說。

### 一、陰陽五行

《春秋繁露‧天地陰陽》云：

> 天意難見也，其道難理，是故陰陽出入，虛實之處，所以觀天之志；辨五行之本末、順逆、小大、廣狹，所以窺天之道也。（頁467）

天意雖然難見，然透過對陰陽、五行之具體運作的理解，依舊可以從中窺知天之意旨。就陰陽而言，董仲舒云：

> 故陽氣出於東北，入於西北，發於孟春，畢於孟冬，而物莫不應是。……物隨陽而出入，數隨陽而終始，三王之正隨陽而更起。以此見之，貴陽而賤陰也。……丈夫皆賤皆為陽，婦女雖貴皆為陰。陰之中亦相為陰，陽之中亦相為陽。諸在上者皆為其下陽，諸在下者皆為其上陰。（《春秋繁露‧陰尊陽卑》；頁324-325）

> 陽，天之德也；陰，天之刑也。……。是故陽常居實位而行
> 於盛，陰常居空位而行於末。天之好仁而近，惡戾之變而遠，
> 大德而小刑之意也。先經而後權，貴陽而賤陰也。（同上；
> 頁 327）

> 天之志，常置陰空處，稍取之以為助。故刑者德之輔，陰者
> 陽之肋也，陽者藏之主也。……陽貴而陰賤，天之制也。（《春
> 秋繁露・天辨在人》；頁 336-337）

> 君臣、父子、夫婦之義，皆取諸陰陽之道。君為陽，臣為陰；
> 父為陽，子為陰；夫為陽，妻為陰。（《春秋繁露・基義》；
> 頁 350）

上引董生所論，乃藉陰陽二氣運行之理，從中推導人倫相應之次
序。而天生萬物，以陽氣為主、陰氣為輔助；陰陽之間，於是而有
主從之區隔；萬物之存在，亦緣此而有尊卑之等差：屬陽為者尊，
屬陰者為卑。而此尊卑之理係由陰陽二氣之運行所推導而出，故
曰：「陽貴而陰賤，天之制也。」一切人倫秩序之規範，皆以陽貴
陰賤為原則；一旦陰陽繆戾（或人倫秩序違反此一原則），妖孽即
緣此而生。《漢書・五行志》所列因陰陽失序而引發災異之事例頗
多，茲援數例，以見其意：

> （昭公十八年，五月壬午，宋、衛、陳、鄭災）董仲舒以為
> 象王室將亂，天下莫救，故災四國，言亡四方也。又宋、衛、
> 陳、鄭之君皆荒淫於樂，不恤國政，與周室同行。陽失節則
> 火災出，是以同日災也。（頁 1329）

（莊公二十八年冬，大水，亡麥禾）董仲舒以為夫人哀姜淫亂，逆陰氣，故大水也。（頁 1339）

（莊公十一年冬，宋大水）董仲舒以為時魯、宋比年為乘丘、鄗之戰，百姓愁怨，陰氣盛，故二國俱水。（頁 1343-1344）

（莊公二十四年，大水）董仲舒以為夫人哀姜淫亂不脹，陰氣盛也。（頁 1344）

（成公五年秋，大水）董仲舒……以為時盛幼弱，政在大夫，前此一年再用師，明年復城鄆以彊私家，仲孫蔑、叔孫僑如顓會宋、晉，陰勝陽。（頁 1345）

（襄公二十四年秋，大水）董仲舒以為先是一年齊伐晉，襄使大夫帥師救晉，後又侵齊，國小兵弱，數敵彊大，百姓愁怨，陰氣盛。（頁 1345）

如上引董生有關災異之說解，災異之所由生，實皆導因於「陰陽失序」：陽失節則火出，陰過盛則水至。此類說法，於《春秋繁露》一書，亦可見其端緒。如〈精華〉云：「大旱者，陽滅陰也；陽滅陰者，尊厭卑也。……大水者，陰滅陽也；陰滅陽者，卑勝尊也。」（頁 86）至於變救之法，《春秋繁露》〈求雨〉、〈止雨〉二篇所述甚詳，茲不贅。

又比觀上引諸說，董生對於「災」之詮釋，實皆依尋前引〈必仁且智〉「國家之失始萌芽，而天出災害以譴告之」之論。蓋如上引諸例所示，皆事發於先，而災應之於後。惟〈必仁且智〉尚有「譴

153

告之而不知變，乃見怪異以驚駭之」之論，相關論題因涉及此篇所提「譴告模式」是否存在之疑問，容後一併討論。

至於五行，董仲舒云：

> 火干木，蟄蟲蚤出，蚿雷蚤行；土干木，胎夭卵毈，鳥蟲多
> 傷；金干木，有兵；水干木，春下霜。土干火，則多雷；金
> 干火，草大夷；水干火，夏雹；木干火，則地動。金干土，
> 則五穀傷有殃；水干土，夏寒雨霜；木干土，倮蟲不為；火
> 干土，則大旱。水干金，則魚不為；金干金，則草木再生；
> 火干金，則草木秋榮；土干金，五穀不成。木干水，冬蟄不
> 藏；土干水，則蟄蟲冬出；火干水，則星墜；金干水，則冬
> 大寒。（《春秋繁露·治亂五行》；頁 383-384）

此乃五行失序所引發之災異現象。除此之外，與藉五行以說災異有關者，另有〈洪範〉「庶徵」之說。然〈洪範〉雖有「五行」、「五事」之說，但並未將二者合而為一；首將「五行」與「五事」相配以言災異者，依現有文獻觀之，其說或當始於董仲舒。[11]《春秋繁露·五行五事》云：

> 王者與臣無禮，貌不肅敬，則木不曲直，而夏多暴風。風者，
> 木之氣也，其音角也，故應之以暴風。王者言不從，則金不
> 從革，而秋多霹靂。霹靂者，金氣也，其音商也，故應之以
> 霹靂。王者視不明，則火不炎上，而秋多電。電者，火氣也，

---

[11] 說詳徐復觀：《中國人性論史》（臺中：私立東海大學，1962 年 4 月），先秦篇，頁 587。

其音徵也，故應之以電。王者聽不聰，則水不潤下，而春夏
多暴雨。雨者，水氣也，其音羽也，故應之以暴雨。王者心
不能容，則稼穡不成，而秋多雷。雷者，土氣也，其音宮也，
故應之以雷。（頁 387-389）

如上引文所示，董生實已將「五行」與「五事」嵌合為一，其配置
方式為：貌木、言金、視火、聽水、思土。而藉五行五事以說災異，
並將之推至頂峰者，自非《漢書‧五行志》所錄莫屬。惟《漢書‧
五行志》所錄董生之說，其例大體先述劉向或劉歆之說，末則附以
「董仲舒指略同」一語[12]，並收束全段。依班書所錄，董生似應曾
藉五行五事以說災異，故才有「董仲舒指略同」之論。然指要相同，
是否即指其用以詮解災異之方法相同，實仍不無疑問。雖然如此，
倘董生之說與「貌、言、視、聽、思」之說無關，則〈五行志〉將
董生之指比傅於向、歆之後，即屬冗辭贅句，毫無任何意義。史家
之筆，應不至於如此。以此觀之，董生解災異之法雖或與向、歆有
別，但曾藉五行以說災異，應不成問題。至於董生如何藉五行解說
實際發生災異，因文獻有缺，茲暫存之。

## 二、星象分野

漢儒藉星象分野以釋災異者，《漢書‧五行志》所錄甚多，其
中與董仲舒有關者，約有以下數則：

---

[12] 文見《漢書‧五行志》，頁1396、1407、1409、1415、1432、1447。

（莊公十八年三月，日有食之）董仲舒以為宿在東壁，魯象
也。（頁 1483）

（莊公二十五年六月，日有食之）董仲舒以為宿在畢，主邊
兵夷狄象也。（頁 1484）

（莊公二十六年十二月，日有食之）董仲舒以為宿在心，心
為明堂，文武之道廢，中國不絕若線之象也。（頁 1484）

（襄公二十一年十月，日有食之）董仲舒以為宿在軫、角，
楚大國象也。（頁 1491）

（昭公十七年六月，日有食之）董仲舒以為時宿在畢，晉國
象也。（頁 1495）

（昭公二十二年十二月，日有食之）董仲舒以為宿在心，天
子之象也。（頁 1496）

（昭公二十四年五月，日有食之）董仲舒以為宿在胃，魯象
也。（頁 1497）

（昭公三十一年十二月，日有食之）董仲舒以為宿在心，天
子象也。（頁 1498）

（定公十五年八月，日有食之）董仲舒以為宿在柳，周室大
壞，夷狄主諸夏之象也。（頁 1499）

上引董生之說，涉及兩種不同之詮釋系統。或就「星辰寓意」以立
論，如「心為明堂」、「心，天子象也」、「畢主邊兵」等，即是援用

此一系統。此類說法，來源甚古。如《史記‧天官書》云：「心為明堂，大星天王。」（頁 1295）「畢曰罕車，為邊兵。」（頁 1305）董生之說，應與《史記》同一來源。或就「星象分野」之立意，如「宿在軫、角，楚大國象」、「畢，晉國象也」，即是援用此一系統。然其說一云「宿在東壁，魯象也」、再云「宿在胃，魯象也」，足見董生所援之星象分野系統尚不完整。

又比觀上引諸說，董仲舒對於「異」之解釋，實亦依尋前引〈必仁且智〉「譴告之而不知變，乃見怪異以驚駭之；驚駭之尚不知畏恐，甚殃咎乃至」之論。蓋如上引諸例所示，率皆異發之於先，而事變應之於後。惟前引〈必仁且智〉之全文為：

> 災常先至，而異乃隨之。……國家之失乃始萌芽，而天出災害以譴告之；譴告之而不知變，乃見怪異以驚駭之；驚駭之尚不知畏恐，其殃咎乃至。

是就「完整」之譴告程序而言，當為「事→災→事→異→事」[13]；然前引董生之說，卻是以單一災異對應單一事件為主。是析而言之，董生之說並不違背「事→災」、「異→事」之原則；然合而觀之，董生之說確實存在理論建構與實際詮釋不合之現象。黃啟書以為董生所建構之理想譴告模式並不存在，其說甚是。[14]而其原因，實不難索解。蓋董生對於災異之詮釋，殆本諸《春秋》而來；而《春秋》記事，有其時序之先後；且此時序之先後，又非董生所能刻意扭轉。在必須依《春秋》記事之先後以為說解的前提下，除非

---

[13] 說參黃啟書：《董仲舒春秋學中的災異理論》，頁 65。
[14] 說見：《董仲舒春秋學中的災異理論》，頁 117-132。

《春秋》本文恰有符合「事→災→事→異→事」之實例，董生之說方能兼具理論建構與實例解析。在缺乏實際例證的情況下，理論陳述與實例詮釋出現差距，實亦理中之事。然而，也正因為《春秋》缺乏實例可尋，董生在實例說解上，才會一反〈必仁且智〉所建構之譴告程序，進而截前取後，純就「事→災」、「異→事」此類單一事例加以分析。此一方式，雖有違其理論，但至少保持理論與詮解之相關性，進而達致詮解災異之目的。

　　如上所述，董生對於災異之詮釋，在方法上，主要是依據陰陽之理與星象分野之說。而其解釋原則，大體依尋〈必仁且智〉所建構之譴告程序；然受限於文本之制約，在實例解釋上則略作調整：由原本「事→災→事→異→事」之完整譴告模式，轉變為「事→災」、「異→事」單一事例之以分析。此一轉變，雖然造成理論陳述與實例解析出現不合之現象，但至少保持理論與詮解之相關性。其後漢儒諸說或即有感於董生之說於理有礙，故於災異先後上不取董生之論。惟觀前引《春秋潛譚巴》與何休之論，其所謂「異者⋯⋯先事而至」，「災者⋯⋯隨事而至」之論，實正與董生「事→災」、「異→事」之詮釋方式相同。以此觀之，漢儒諸說雖與董生有別，但其義實又源自董生之論。

## 第四節　結語

災異之說，為兩漢學術之一大特徵；而兩漢首開災異之風者，實為董仲舒。總括而言，董生災異說之基本內涵，其要有三：
一、首揭災異之旨：

董生指出，災異之本，緣於國家之失；而天之所以降下災異，則以仁愛人君為本旨；其作用在於譴告人君，使之有所警惕反躬自省。以「災異」為上天之「譴告」，其說首見於此。
二、奠定災異詮釋之經典基礎

災異之說，其源本於天人相應之理，其說非董生首創。然以《春秋》所錄天災異變體現天之微旨，並援此以建構其災異理論之體系者，其說亦由董生發之。董生此舉，下開儒家經典災異化之風潮，影響兩漢學術，尤其深遠。
三、確立災異詮釋之基本原則

董生有關災異之詮釋，雖出現理論陳述與實例解說不合之現象；然其「災先異後」、「災輕異重」之分判，卻為後世漢儒之災異詮釋奠定解說之基礎。特別是「事→災」、「異→事」之詮釋方式，其說雖與理想之譴告模式有些距離；但卻為後世「異者……先事而至」，「災者……隨事而至」之源頭。

昔皮錫瑞曾曰：「漢儒藉此（案：指災異）以匡正其主。其時人主方崇經術，重儒臣，故遇日食地震，必下詔罪己，或責免三公。雖未必能如周宣之遇災而懼，側身修行，尚有君臣交儆之意。此亦

漢時曾行孔教之一證。後世不明此義，謂漢儒不應言災異，引讖緯，於是天變不足畏之說出矣！……然則，孔子《春秋》所書日食、星變，豈無意乎？言非一端，義各有當，不得以今人之所見輕議古人也。」[15]其說誠然。近世研究兩漢災異之說者頗少，故援董生所論，藉此以觀兩漢災異論述之一隅。其或言有未當、理有未周者，亦祈學者方家多所指正。

---

[15] 《經學歷史》，頁 106。

# 道德的衝突與抉擇

## ──董仲舒春秋學之經權理論

# 第七章　道德的衝突與抉擇
## ——董仲舒春秋學之經權理論

　　在既有的道德規範底下，行為主體若面臨「道德衝突」，究竟該如何抉擇？所謂「道德衝突」，簡言之，即：當行為主體在某一特定時空條件下，若遵守或履踐某一道德原則，將會導致對另一道德原則之違礙，而出現實踐上之兩難局面。實踐上出現兩難，但又必須有所取捨，此時行為主體所賴以取捨之「基準」為何？是在既有原則之下重塑更高之道德規範，抑或另立條件限制，以為取捨之準的？而此重塑規範或另立條件之理據，又是緣何而來？凡此種種，皆非三言兩語所能盡述其義。

　　就儒家而言，其所用以闡明此一論者題者，一言以蔽之，曰「經權之辨」。而其核心，尤在「行權」一義。然何謂「權」？行權之根據、範圍與條件為何？「經」、「權」之關係又當如何釐定？在前賢既有之研究基礎上，本章擬由孔、孟之說切入，並援《公羊傳》之相關說法，就經權觀念之發展及其內涵之演變略作分述，藉此以觀董仲舒經權說之理論特徵及其歷史地位。

## 第一節　經權觀念之緣起

　　《說文解字·序》云：「文字者，經義之本。」（頁771）今欲
闡明儒家經權論述之要旨，亦當明辨「經」、「權」二字之涵義，以
為後續討論之張本。今檢《說文》云：

　　經：織從絲也。（頁650）

　　權：黃華木，從木雚聲。一曰反常。（頁248）

如《說文》所述，「經」本指織布之「直線」，因織布必先「固定」
直線，以為操作之「基準」，遂乃漸次引申為「恆常不變」之義。
至於「權」，《說文》所重，乃「植物」一義，難以明其主要特徵之
所在。

　　今檢《廣雅·釋器》云：

　　錘謂之權。[1]

《漢書·律曆志》則曰：：

　　權者，銖、兩、斤、鈞、石也，所以稱物平施，知輕重也。
　　（頁969）

---

[1]　〔清〕王念孫撰：《廣雅疏證》，收入中華漢語工具書書庫編輯委員會編：
　　《中華漢語工具書書庫》（合肥：安徽教育出版社，2002年1月），第47
　　冊，卷8上，頁181。

是「權」之本義,原指「稱錘」;而其作用,乃在衡量物品之輕重。而要達致「稱物平施,知輕重」之效果,「權」必隨物之輕重而「移動」,以求其「合宜」之位置,進而「平施」該物。準此而言,「權」不可不變。然其變,又不能脫逸於稱的範圍之外;離稱,權即無所施其效用。是權之所施,本有其範圍之限制。

如上所述,純就字義而言,「經」、「權」之別,乃在於:「經」用以「確立基準」,「權」則藉以「衡量輕重」。基準「不變」,輕重「有別」;衡量之法,亦須因時制宜。緣此,學者之說,或以「原則性」與「靈活性」釋之。[2]此一分辨雖言簡意賅,然何謂「靈活性」,卻必須回歸原典,而後才能得其相應之解釋。

檢諸古籍所載,文獻上首次賦予「權」以價值判斷之涵義,並將之置於為人處世之最高境界者,其說首見於《論語》。〈子罕〉云:

> 子曰:可與共學,未可與適道。可與適道,未可與立。可與立,未可與權。[3]

如《論語》所載,「共學」、「適道」、「立」、「權」四者,其「層次」有別,自不待言!而此層次之別,又實蘊含「價值判斷」之高低;而其最高境界,即是「權」。然而,「權」究竟有何特出之處,何以

---

2 如李澤厚云:「『經』與『權』是孔學一大問題,我以為譯為『原則性』與『靈活性』最貼切。」說見氏著:《論語今讀》(合肥:安徽文藝出版社,1998 年),頁 237。其他類似說法,亦見馮友蘭《中國哲學史新編》(北京:人民出版社,1992 年 5 月),頁 144;中國孔子基金會編:《中國儒學百科全書》(北京:中國儒家大百科全書出版社,1997 年 3 月),頁 132;張路國:〈淺析孔子的經權觀〉,《管子學刊》2003 年第 1 期,頁 70;舒大剛、彭華:《忠恕與禮讓》(成都:四川大學出版社,2008 年 4 月),頁 183。

3 〔魏〕何晏注、〔宋〕邢昺疏:《論語注疏》(臺北:藝文印書館,1989 年 1 月,阮刻《十三經注疏》本),頁 81。

「可與適道」且能「事事依禮而行」[4]之人都難以企及？《論語》
一書，未見更詳盡之說明。朱熹《論語集注》引程子之言則謂：

> 可與共學，知所以求之也。可與適道，知所往也。可與立者，
> 篤志固執而不變也。權，稱錘也，所以稱物而知其輕重者也。
> 可與權，謂能權輕重，使合義也。[5]

依程子所述，所謂「權」，乃行為主體分別事理之輕重，繼而做出
適當的處置。惟此解釋過於抽象，難以見出「權」在道德衝突下
的「衡量」作用，以及行權所依之理據。《論語·子罕》云：「子
絕四：毋意，毋必，毋固，毋我。」（頁 77）〈為政〉則云：「從
心所欲，不踰矩。」（頁 16）是依孔子，凡事「依心而行」，不拘
泥執著，自然一切皆合義。從此一角度而言，行權之最終基準，
即在於「心」。然凡事依心而行，於聖人或許如行雲流水，行之所
當行，止於所當止；就凡人而言，雖仁心為我之固有，但真正面
臨道德抉擇之兩難時，「從心所欲」又談何容易？皇侃《論語義疏》
引王弼曰：「變無常體，神而明之，存乎其人，不可豫設，尤至難
者也。」[6]也正因為「行權至難」，無怪乎孔子以行權為道德之最
高標準，而感嘆「可與立，未可與權」。而《淮南子·氾論》之說，
更以「權」為「聖人之所獨見」[7]。雖然如此，從仁心之顯發的角

---

4　說本楊伯峻：《論語譯注》（臺北：藍燈文化事業公司，1987 年 9 月），頁
　　103。
5　〔宋〕朱熹撰：《四書章句集注》（臺北：漢京文化事業有限公司，1987 年
　　10 月），〈論語集注〉，卷 5，頁 116。
6　〔梁〕皇侃：《論語義疏》（成都：四川大學出版社，1998 年 2 月），頁 169。
7　〔漢〕劉安撰、劉文典集解：《淮南鴻烈集解》（北京：中華書局，1989 年
　　5 月），頁 444。

度來說，當行為主體面臨道德抉擇之兩難時，其所賴以取捨者，依舊有跡可尋。

依《論語》，仁心之顯發首為「孝弟」，故〈學而〉云：「君子務本，本立而道生。孝弟也者，其為仁之本與！」（頁 5）此「血緣之情」，正是孔子用以「分別事理」之最高標準。《論語‧子路》云：

> 葉公語孔子曰：吾黨有直躬者，其父攘羊，而子證之。孔子曰：吾黨之直者異於是。父為子隱，子為父隱，直在其中矣。（頁 118）

「非盜」為舉世之公義，古今中外皆然。今父攘羊，其所為非是，自無疑問。然在此情境下，子應「告」[8]父之非，抑或「隱」父之惡，即成兩難之局面。在上引文中，孔子並未以葉公所言為非，而是從另一更高之標準，求其更合宜之處置方式。在此事例中，父攘羊已是既成之事實，而竊盜需接受律法制裁，更是理中之事。然為人子者又豈能忍心證父入罪，見父入罪又焉能無動於衷？反之亦然。是孔子所強調者，實乃緣於「血緣」而來的天理人倫；父子之情，才是道德抉擇之最終準的。

又，《說苑‧建本》載曾子誤斬瓜根，曾晳怒而援大杖擊之；受而不避，仆地，有頃乃蘇。後曾子鼓琴而歌，欲令曾晳聽而知其平健。然孔子聞之，卻深不以為然，語曾子曰：

> 汝不聞瞽叟有子名曰舜？舜之事父，索而使之，未嘗不在側，求而殺之，未嘗可得，小箠則待，大箠則走，以逃暴怒

---

8　《說文》云：「證，告也。」（頁 101）

也。今子委身以待暴怒，立體而不去，殺身以陷父不義，不
孝孰是大乎？[9]

曾子耘瓜誤斬其根，雖屬無心之過，但終究有違父意，故其父暴怒
杖之。依曾子，避父之杖責是為不孝，故選擇以髮膚之體承受此
一責罰。然依孔子，委身以待暴怒，若有不測，是陷父於不義，尤
為不孝之大者。[10]「走」與「不走」皆為不孝——走之，難逃不孝
之名；不走，難脫不孝之實。在此兩難之情境下，孔子所賴以抉
擇之準的，同樣是基於親情倫理。《孟子》曰：「事孰為大？事親
為大；守孰為大，守身為大。」（〈離婁上〉；頁 135）事親必先守
身，身之不守，又何來事親之有？不能事親，又焉能成其為孝？不
能事親且又陷父於不義，更是有違「父慈子孝」之旨。曾子以孝聞
世，在道德抉擇上依舊難以處處合義，行權之難，於此亦可見其
一端。

　　如上所述，孔子以「權」為人生之最高境界，而比觀《論語》
之相關記載，孔子所謂之「權」，實以「仁心」為最終準的；而「仁
心」之顯發首為「孝悌」，故權所衡量者，又以親情倫理為首要。
惟依孔子，行權本即一歸於心，故權之上毋需另立更高之準則；一
切之道德判斷皆以心為基礎，「行權」實即「個體的自由性、自主
性的實踐和顯現」[11]。準此而言，「從心所欲，不逾矩」，或許正是

---

9　〔漢〕劉向撰、向宗魯校證：《說苑校證》（北京：中華書局，1987 年 11
　　月），頁 61。
10　朱熹《孟子集注》引趙氏曰：「於禮有不孝者三事，謂：阿意曲從，陷親不
　　義，一也；家貧親老，不為祿仕，二也；不娶無子，絕先祖祀，三也。」《四
　　書章句集注》，頁 286-287。
11　李澤厚：《論語今讀》，頁 237。

孔子論「權」之最佳注腳。孔子而後，儒者推闡「行權」之義尤詳者，則為孟子。《孟子‧離婁上》云：

> 淳于髡曰：「男女授受不親，禮與？」孟子曰：「禮也。」曰：「嫂溺，則援之以手乎？」曰：「嫂溺不援，是豺狼也。男女授受不親，禮也；嫂溺援之以手者，權也。」（頁 134）

在「男女授受不親」此一禮制規範下，嫂溺是否當援之以手？對此，孟子乃藉「禮─權」之辨予以說明。就形式而言，其說以「禮」、「權」對舉，實已略具後世「經權之辨」之雛形。而就內涵來說，李新霖以為，孟子此說「既肯定『禮』之價值，又承認『權』之存在，且強調行『權』之狀況及動機。」並進一步申述其義云：

> (一)「禮」為正常狀況下，應遵循之社會規範；「權」為異常狀況下，所行之緊急處置。
>
> (二)「權」行為之發生，應出於善念。
>
> (三)「權」在禮教或禮俗範圍內，有助於道德難題之解決。[12]

李氏此說，大體可從。然所謂孟子強調行權之「動機」、及「權」行為之發生，應出於「善念」等，實皆《公羊傳》之說，能否據以解釋孟子「禮─權」之辨，恐不無疑問。蓋依《孟子》：「人皆有不忍人之心」「無惻隱之心，非人也」、「惻隱之心，仁之端也」（〈公孫丑上〉；頁 65-66）。在仁心的顯發之下，本就當以人道為優先考量；此乃「當下」依心自主之行為，實無涉於動機是否純正。而善

---

[12] 李新霖：《春秋公羊傳要義》（臺北：文津出版社，1989 年 5 月），頁 191。

念之出，本即仁心之發用；只要有此不忍之心，善念即如源頭活水。因此，從仁心之顯發的角度來說，孟子「越禮行權」之準的，實亦以「心」為最終基礎。

除〈離婁〉所載相關事例外，藉《孟子》一書所載舜「不告而娶」及「竊負而逃」之事例，亦可略窺孟子「禮－權」分辨之端倪。《孟子‧萬章上》云：

> 萬章問曰：……舜之不告而娶，何也？孟子曰：告則不得娶。男女居室，人之大倫也。如告，則廢人之大倫，以懟父母，是以不告也。（頁 161）

不告而娶，有違禮制之規範；但若告而不能娶，則又違背人倫之理。此人倫之理，《孟子‧離婁上》云：「不孝有三，無後為大。舜不告而娶，為無後也。君子以為猶告也。」（頁 137）前引趙氏之語則曰：「不取無子，絕先祖祀。」在「禮制」與「無後」之間，舜選擇違反禮制以延續祖祀；是舜所重者，亦是親情倫理。又，〈盡心上〉云：

> 桃應問曰：舜為天子，臬陶為士，瞽瞍殺人，則如之何？孟子曰：執之而已矣。然則舜不禁與？曰：夫舜惡得而禁之？夫有所受之也。然則舜如之何？曰：舜視棄天下，猶棄敝蹝也。竊負而逃，遵海濱而處‧終身訢然，樂而忘天下。（〈盡心上〉；頁 240）

上引〈萬章〉語，係從「禮－孝」之辨的角度而發，此處則藉「律法」與「親情」之辨，推闡道德抉擇之本末。依法，瞽瞍殺人，

皋陶當執之；而舜為天子，必顧及律法之公平性，故不得禁皋陶之執。在此情況下，舜似乎陷入兩難之局面。然依《孟子》：「親親，仁也」（〈告子下〉；頁 210）、「仁之實，事親是也」（〈離婁下〉；頁 137）；在「律法」與「親情」之間，親情顯然重於一切。故依孟子之意，舜當寧可棄天下，而選擇「竊負而逃」，以全其事親之義。

如上所述，孟子對於「道德衝突」所採取之「衡量基準」，實皆繫於「人倫之義」——「權」可超越「禮法」之規範，但卻不能違背「血緣之親」。而在「律法」與「親情」之間，事親之義亦高於執守律法。從權超越禮法的角度而言，權看似「違反」經之軌範；但從權不能違背人倫之義而言，權卻又「歸返」於經之原則。在「反」與「返」之間，「行權」之不易，由此即可見其端倪。

## 第二節　經權觀念的提出

前引孔、孟之語，其說雖已涉及「經權之辨」之核心，但並未提出「經權」之觀念。以「經」、「權」對舉，並具體闡述二者之關係者，則為《公羊傳》。《公羊傳·桓公十一年》云：

> 古人之有權者，祭仲之權是也。權者何？權者反於經，然後有善者也。權之所設，舍死亡亡所設。行權有道：自貶損以行權，不害人以行權。殺人以自生，亡人以自存，君子不為也。（頁 63）

　　《公羊傳》此說，含攝「權」之義界、「經－權」之關係的釐定、行權的範圍與限制及行權之原則等層面，就儒家經觀念之發展而言，其說實居承先啟後之關鍵地位。自此以降，儒者推闡經權之義，其說雖或有見仁見智之別，然基本上皆以《公羊傳》此說為基礎而展開。至於此說所寓旨義，茲分述如下：

## 一、權者反於經，然後有善

　　此說涉及「權」之義界與「經－權」關係之釐定，更為《公羊傳》首出之義。蓋如前述，「權」本以「衡量輕重」為特徵，而就儒家而言，則是從道德抉擇的角度切入，充份肯定「權」在道德實踐過程的意義與價值。惟在孔、孟，並無所謂「經」之問題，一切之道德判斷皆以心為基礎；於心之外，並無更高之道德規範。然《公羊傳》明確提出「權者反於經，然後有善」之論，是「經」、「權」之間，已有先後之分判。[13]然何謂「反經」？傳文對此，並未進一步加以說明。

　　檢諸古籍所載，「反經」之說，亦見《孟子》。〈盡心下〉云：

> 君子反經而已矣。經正，則庶民興；庶民興，斯無邪慝矣。
> （頁 263）

---

[13] 黃慧英認為，行權不是任意而為，「權」之本身有數項預設：「1.先有經，然後才有權，這是邏輯上的先後。2.經在某一具體情況，不足據以作出善惡判斷或行為指引。3.以權變的處理方式，更能達致因應事態的判斷。」說見：〈再論儒家對道德衝突的消解之道——藉《公羊傳》中「權」的觀念闡明〉，《儒家倫理：體與用》（上海：三聯書店，2005 年 1 月），頁 88。

據學者統計，《孟子》一書「反」字凡 52 見，然無一作「違反」解者。是「反經」之「反」，當作「歸返」解。[14]就《公羊傳》本身而言，其言「反」而具「返」義者，亦所在多有。[15]惟此處之「反」，似難作「返」解。蓋依前引傳文所示，權若「歸返」於經，又何必再次強調必須「有善」？且若以「歸返」釋權，則權亦只是經，又何必再拈出「權」字，徒增理解之困擾？是經、權之間，當有區隔。本文認為，傳文所謂之「有善」，實乃《公羊傳》對於「權」之行使所設之限制。之所以另設條件限制，蓋不欲世人誤以權既可違反經之原則，遂乃「濫權」妄為，此固聖人之所不樂見者。準此，「權者反於經」之「反」實當作「違反」解，如此方符傳文之旨義。然所謂「善」又當如何理解？傳文對此，亦未詳述。惟據學者所述，《公羊傳》之所謂「善」，包含兩個層面：「動機是否純正」及「結果是否良善」。[16]今檢傳文云：

> 祭仲者何，鄭相也。何以不名？賢也。何賢乎祭仲？以為知權也。其為知權奈何？……莊公死，已葬，祭仲將往省于留，塗出于宋，宋人執之。謂之曰：「為我出忽而立突。」祭仲不從其言，則君必死，國必亡；從其言，君可以生易死，國可以存易亡。少遼緩之，則突可故出，而忽可故反，是不可得而病，然後有鄭國。（頁 62）

如傳文所述，祭仲「出忽立突」，乃基於「生君存國」之考量，其用意純正，故許之為善；而鄭國亦賴祭仲此舉而得以存續不

---

[14] 說見楊澤波：〈孟子經權思想探微〉，《學術論壇》1997 年第 6 期，頁 51。
[15] 詳參李新霖：《春秋公羊傳要義》，頁 195-198。
[16] 詳參李新霖：《春秋公羊傳要義》，頁 211-212。

滅，其結果良善，故許之為知權。惟「動機之純正」，缺乏客觀之檢證標準；「結果之良善」，又屬後設之事。此二者，皆不足以作為「知權」或「行權」與否之基準。是以不同學派之間，對於祭仲是否知權，並非全無異見。如《公羊傳・桓公十一年》疏引《長義》云：

> 若令臣子得行，則閉君臣之道，啟篡弒之路。（頁 63）

范寧〈春秋穀梁傳序〉亦曰：

> 公羊以祭仲廢君為行權，……以廢君為行權，是神器可得而闚也。[17]

雖然如此，公羊所述，仍備一家之言，不可偏廢。李新霖指出：「漢宋諸儒所以迥異《公羊傳》者，以為不同觀點下之歧見則可，若強定其是非則不可。」[18]其說甚是！

## 二、權之所設，舍死亡亡所設

此言行權之範圍與限制。依傳文所述，「權」必須在「生死存亡」之關鍵時刻方能用之。而此「生死存亡」，依祭仲之例觀之，實專就「君國」而言，故曰：「君可以生易死，國可以存易亡」。換言之，只有當「君國」面臨「生死存亡」，方可用權。比觀孔、孟之說，公羊

---

[17] 〔晉〕范寧集解、〔唐〕楊士勛疏：《春秋穀梁傳注疏》（臺北：藝文印書館，1989 年 1 月），頁 6。
[18] 李新霖：《春秋公羊傳要義》，頁 210。

此論，於「權」之內涵而言，實已出現明顯之轉折。蓋孔、孟論「權」，首重「人倫之理」；而公羊論「權」，則主「君國之義」。一重人倫，一主君國，此一轉折，正透顯「權」必「因時制宜」之主要特徵。

而在道德規範上，《公羊傳》似又有意藉此重塑典範，以符合客觀情勢之需求。就《公羊傳》成書之時代而言，彼時天下雖已一統，然各地侯國猶有不臣之心；《公羊傳》強調君國之義，蓋欲藉此奠立君臣體制，以免重蹈周末之覆轍。而就《公羊傳》所詮釋之對象來說，《史記‧太史公自序》云：「《春秋》之中，弒君三十六，亡國五十二。」（頁 3297）春秋之時，君國之義實已蕩然無存。此一背景，正與漢初頗為類似。公羊主君國之義，正與其「尊王」之說相互呼應。[19]由此觀之，《公羊傳》將「行權」限縮在「君國生死存亡」之際，實有其學理系統之一致性。

## 三、行權有道：自貶損以行權，不害人以行權

此論行權之基本原則。今案：祭仲「出忽立突」，此乃「專廢置君」之舉。《公羊傳‧文公十四年》曰：「大夫之義，不得專廢置君也。」（頁 179）大夫既然不得「專置廢君」，此處又許祭仲以知權，何故？依前引傳文觀之，蓋因祭仲之舉，符合「自貶損」及「不害人」之原則。就前者而言，祭仲「專廢置君」，實難脫舉世之非議；然祭仲不計個人毀譽，判斷當時情勢而毅然為之，此為「自貶損」。就後者而言，祭仲「出忽立突」，二人之性命因此得以保全；

---

[19] 有關《公羊傳》「尊王」之說，詳參李新霖：《春秋公羊傳要義》，頁 64-83；趙伯雄：《春秋學史》（濟南：山東教育出版社，2004 年 4 月），頁 41-42。

是祭仲所為，並未危及他人之生命，此為「不害人」。祭仲之舉同時符合此二項原則，故許之以知權。

　　或以為《公羊傳》所謂「行權有道：自貶損以行權，不害人以行權。殺人以自生，亡人以自存，君子不為也」之論，係「極端輕視人類生命的表現，開了『生死事小失節事大』、『存天理、滅人欲』之先河」，「即使生死存亡之時，也不能行『權』。」[20]此類說法，顯與《公羊傳》之旨意不符。

　　蓋依《公羊傳》，「行權」必須以「不害人」、「不殺人」為前提，此正為「尊重生命」之表現，何來「極端輕視人類生命」之有？而所謂「即使生死存亡之時，也不能行『權』」云云，更與公羊之說相悖。蓋《公羊傳》所貶抑者，乃「殺人自生」、「亡人自存」之行為，非謂生死存亡之際不能行權。至於「開了『生死事小失節事大』、『存天理、滅人欲』之先河」之說，則顯然推求過當，亦難符先哲立說之旨義。

　　如上所述，在儒家經權觀念發展過程中，《公羊傳》首次以「經」、「權」對舉，並藉祭仲之例，於「權」之義界、「經－權」之關係、行權之範圍與原則等，皆有簡要之闡述。依《公羊傳》，權雖違反經之原則，但權之施行，必在事涉「君國存亡」的條件下，方可用之；且權之行使，尚須符合「動機之純正」、「結果之良善」及「不害人」等原則。在內涵上，《公羊傳》特重「君國之義」，雖與孔、孟之說有別，但並未違背儒家之基本主張。惟《公羊傳》將「行權」限縮在「君國存亡」此一層次，「權」之「靈活

---

[20] 說見吳建萍：〈「經權」之辨的邏輯發展〉，《蘭州交通大學學報》（社會科學版），第 23 卷第 5 期（2004 年 10 月），頁 78。又，該文以《公羊傳》語誤植為董仲舒語，失查。

性」似亦為之緊縮，行為主體之「自由性」亦大幅縮減。此一縮減，或有其「防止濫權」之考量；然公羊特重「動機純正」、「結果良善」及「不害人」等原則，則似又出於對人性之不信任。然「善」之基礎何在？上引傳文並未多所著墨。行權之最終理據不明，或為公羊論權之缺憾。


## 第三節　援天道以攝經權

如前所述，在「經」、「權」關係上，《公羊傳》提出「權反於經，而後有善」之論，並對行權之原則、範圍與限制等多有闡述，然行為主體何以能「行權」？「行權」之最終理據何在？對此，《公羊傳》並未進一步加以闡述。至董仲舒，始就形而上的角度，對此加以說明。此外，董生又援《春秋》所載相關事例，於經權之義多有辨析。以下試就形而上基礎的提出、「經」「權」關係的釐定、行權之原則與限制等層面，略探董生所述經權之要旨。


### 一、形上基礎的確立

行權有道，此乃孔、孟及《公羊傳》論權之基本主張。惟其所「道」，各有不同——依孔、孟為「心」，於公羊為「善」；而依董仲舒，行權之道則本諸於「天」。《春秋繁露·楚莊王》云：

> 《春秋》之道，奉天而法古。（頁14）

《漢書・董仲舒傳》亦曰：

> 孔子作《春秋》，上揆諸天道，下質諸人情。（頁 2125）

如董生所言，《春秋》之道以「奉天法古」為最終原則；故其「辭」，亦體現天之微旨。〈精華〉云：「今《春秋》之為學也，道往而明來者也。然而其辭體天之微，故難知也。」（頁 96）是依董生所見，《春秋》所載，實即「天意」之體現。而此「天道」之內涵，董仲舒云：

> 天之道，有序而時，有度而節，變而有常。（〈天容〉；頁 333）

又，〈陰陽終始〉云：

> 天之道，終而復始。……少陽就木，太陽就火，火木相稱，各就其正，此非正其倫與？至於秋時，少陰興，而不得以秋從金，從金而傷火功，雖不得以從金，亦以秋出於東方，倪其處而適其事，以成歲功，此非權與？……是故天之道，有倫，有經，有權。（〈陰陽終始〉；頁 339-340）

天道有其時序與節度，變化之中又有常法。天道「有常有變」，體天之微之《春秋》，自亦「有常有變」。故〈竹林〉云：

> 《春秋》之道，固有常有變。變用於變，常用於常；各止其科，非相妨也。（頁 53）

而天道「有倫」、「有經」、「有權」，《春秋》所載，亦有「經禮」與「變禮」。〈玉英〉云：

> 《春秋》有經禮，有變禮。為如安性平心者，經禮也；至有
> 於性雖不安，於心雖不平，於道無以易之，此變禮也。……
> 明乎經變之事，然後知輕重之分，可與適權矣。（頁 74-75）

如董生所述，明乎《春秋》經變之事理，即可知輕重之分，而可
與「適權」。依孔子，「適權」是人生最高之境界；董生則認為，
通乎《春秋》即可「適權」；是「權」之義蘊，本內含於《春秋》
之中；而《春秋》所述，又本諸於「天」；是經權之義，本依天道
而立。[21]而天意難見，故援孔子之手，藉《春秋》以具體展現其
微旨。至於《春秋》所蘊經變之事理，以及經權之關係等，容後
再述。

　　如前所述，孔孟之說並無「經」之問題，至《公羊傳》始藉
「經」、「權」對舉，推闡行權之範圍與原則。惟依《公羊傳》，「權
者反於經，而後有善」，是「經在某一具體情況，不足據以作出善
惡判斷或行為指引」（前引黃慧英語）。既然如此，「經」又焉得稱
之為「經」，又焉得為「恆常不變」之原則？「經」、「權」之間，
似乎存在著某些矛盾與衝突。至董仲舒，始從形而上的角度加以
闡述，認為天之道本有常有變，常者謂之經，變者謂之權；在「經」、

---

[21] 以《春秋》之道「有常有變」、天之道「有經有權」來化解「經」、「權」之
　　間所可能引發之矛盾衝突，此一思路，非董生之所獨見。《韓詩外傳》亦稱：
　　「夫道二：常謂之經，變謂之權，懷其常道，而挾其權變，乃得為賢。」〔漢〕
　　韓嬰撰、屈守元箋疏：《韓詩外傳箋疏》（成都：巴蜀書社，1996 年 3 月），
　　頁 118。厥後朱熹以為：「經者，道之常也；權者，道之變也。道是簡統體，
　　貫乎經與權。」〔宋〕黎靖德編：《朱子語類》（上海：上海古籍出版社，1994
　　年 6 月影印《文淵閣四庫全書》本），第 700 冊，卷 37，頁 822。同樣是採
　　取此一思路。

「權」之上，又設立一更高之形上基準──天道。「經」、「權」既皆依天道而立，彼此之間即無所謂矛盾衝突之問題。蓋無論「依經而行」或「據權而為」，率皆符合「天道」之原則。雖然如此，但這並非意謂在董生之相關論述中，「經」、「權」之間即無所差別，茲略述如後。

## 二、經權關係之釐定

如前所述，在「經」、「權」關係上，公羊之說已有「先後」之分判──先有經，而後有權。董生之說，亦有此義。其言云：

> 陽為德，陰為刑。刑反德而順於德，亦權之類也。雖曰權，皆在權成。是故陽行於順，陰行於逆。逆行而順，順行而逆者，陰也。是故天以陰為權，以陽為經。陽出而南，陰出而北；經用於盛，權用於末；以此見天之顯經隱權，前德而後刑也。天之好仁而近，惡戾之變而遠，大德而小刑之意也，先經而後權，貴陽而賤陰也。（《春秋繁露‧陽尊陰卑》；頁326-327）

如董生所言，無論從天道運行、或天之意志的角度來說，「經」、「權」之間，都有所區隔。此一區隔，主要表現為三個層面：「經盛權末」、「經顯權隱」、「經先權後」。就「經先權後」而言，此義與公羊之說略同。惟依董生，此「先後」之別，並非出於邏輯思辨，而是有其緣於天而來的價值判斷──天貴陽而賤陰。天以陽為貴，以陰為賤，比觀天以陽為經，以陰為權之說，則天所貴者在經，至

為明顯。天以經為貴，則權自當在從屬之列。準此而言，董生所謂之「先後」，實已含具「主從」之分判。至於「經盛權末」、「經顯權隱」之論，其說本用以說明陰陽消長虛實之義，對應於經權之說，則是用以說明主從、本末之分辨。董仲舒云：

> 陽之出，常縣於前而任歲事；陰之出，常縣於後而守空虛。陽之休也，功已成於上而伏於下；陰之伏也，不得近義而遠其處也。天之任陽不任陰，好德不好刑如是。（《春秋繁露·天道無二》；頁 345）

依董生所言，在陰陽之氣的運行過程中，陽氣實居於主導地位，主掌萬物之生長化育；而陰氣則懸於陽氣之後，於萬物之生長養育，並無實際之作用。故曰「守空虛」。〈陰陽位〉又云：「陽出實入實，陰出空入空。天之任陽不任陰，好德不好刑，如是也。」（頁 338）此「虛實」之義，〈陽尊陰卑〉云：「陽常居實位而行於盛，陰常居虛位而行於末。」（頁 327）是所謂「盛」、「末」者，乃就有無實際作用之虛實的角度而言。陽有生長之功，陰無實際之用，故又曰「經顯權隱」。陰既無生長之功，故「天之志，常置陰空虛，稍取之以為助。」（〈天辨在人〉；頁 336）換言之，在陰陽消長過程中，陰僅居「輔助」之地位。同理，在經權關係上，權亦從屬於經，而為經之輔翼。以經為本，以權為輔；經權之間，又隱然具有「本末」之關係。

　　如上所言，董生既主「經本權末」之論，則一切行事自當以經為依歸，權之施行，亦僅為助經之用。然則，權又當如何輔經？此即涉及權當如何施行之問題。

## 三、行權之原則與範圍

前引公羊之說，主要藉祭仲之例，以說明行權之原則與範圍；在此基礎上，董仲舒又援魯隱公、仇牧、孔父、荀息、公子目夷等事例，就行權之相關問題予以說明。《春秋繁露・王道》云：

> 魯隱之代桓立，祭仲之出忽立突，仇牧、孔父、荀息之死節，公子目夷不與楚國，此皆執權存國，行正世之義，守惓惓之心，《春秋》嘉氣義焉，故皆見之，復正之謂也。（頁 118）

在此數例中，仇牧、孔父事見《公羊傳》〈莊公十二年〉、〈桓公二年〉。〈莊公十二年〉云：

> 仇牧聞君弒，趨而至，遇之于門，手劍而叱之。萬臂搬仇牧，碎其首，齒著乎門闔。仇牧可謂不畏強禦矣！（頁 91）

〈桓公二年〉云：

> 孔父可謂義形於色矣。……孔父正色而立於朝，人莫過而致難乎其君。（頁 47）

如傳文所言，仇牧、孔父皆有忠臣之義。〈王道〉亦曰：「觀乎魯隱、祭仲、叔武、孔父、荀息、仇牧、吳季子、公子目夷，知忠臣之效。」（頁 130）然此二人雖有忠臣之義，但其行為似未「反經」；既未「反經」，不知董生何以許之為「執權」。因未詳董生立論之所由，

茲暫存之。至於其他四人，董仲舒之所以謂之「執權存國」者，原
因在於：

> 公子目夷復其君，終不與國。祭仲已與，後改之。晉荀息死
> 而不聽。衛曼姑拒而弗內。此四臣事異而同心，其義一也。
> 目夷之弗與，重宗廟；祭仲與之，亦重宗廟；荀息死之，貴
> 先君之命；曼姑拒之，亦貴先君之命也。事雖相反，所為同，
> 俱為重宗廟，貴先帝之命耳。（〈玉英〉；80-81）

此四人，祭仲違反「大夫之義，不得專置廢君」之原則，公子目夷、
荀息、石曼姑等，則違反「君位繼承」之原則。[22]既然四人皆違反
經之原則，董仲舒卻仍許之為知權，何故？董生曰：

> 權雖反經，亦必在可以然之域。不在可以然之域，故雖死亡，
> 終弗為也。……故諸侯在不可以然之域者，謂之大德。大德
> 無踰閑者，謂正經。諸侯在可以然之域者，謂之小德。小德
> 出入可也。權，譎也，尚歸之以奉鉅經耳。（《春秋繁露・玉
> 英》；頁 79-80）

如董生所言，權雖違反經之原則，但在某些具體情境下，依舊可以
行權。而其原則為：「在可以然之域」。所謂「在可以然之域」，語
義頗為空泛。然依前引文觀之，此可以然之域，實以「生君存國」
為準的，故曰：「俱為重宗廟，貴先帝之命」。是董生有關行權原則
之相關說法，立義實與公羊相同。惟此「可以然之域」，又必須「歸

---

22 有關此三人事例之詳細分析，詳參張端穗：〈董仲舒《春秋繁露》中經權觀
　念之內涵及其意義〉，《東海學報》第 38 卷 1 期（1997 年 7 月），頁 7-10。

之以奉鉅經」。是權雖違反經之原則，但卻符合另一更高之規範
──鉅經。所謂「鉅經」，其層次既高於一般經之原則，且為權所
必須奉守，則衡諸前文所論，足以統攝「經－權」且通貫於「經－
權」之間者，實即天之道。換言之，行權之最終準則，實依天道而
立；而其內容，則體現為「生君存國」。至於「不在可以然之域」
者，董生則以「鄅子」為例加以說明。〈玉英〉云：

> 至於鄅取乎莒，以之為同居，目曰莒人滅鄅，此在不可以然
> 之域也。（頁 79-80）

依《公羊傳‧襄公五年》之記載，鄅子欲立「外孫」為繼位者，其
行已違反君位繼承之原則。然同為違反君位繼承之原則，何以公子
目夷中權，而鄅子則否？原因在於鄅子將君位傳給「異姓」，國之
統緒將為之滅絕，故曰「莒人滅鄅」。換言之，任何舉措只要危及
國家統緒之傳承，即為「不可以然之域」。此「不可以然之域」是
不可「逾越」的，故稱之為「大德」；而「可以然之域」則可「出
入」，故稱之為「小德」。

　　然祭仲與逢丑父俱為「生君」，《春秋》又何以有截然不同之評
價？《春秋繁露‧竹林》云：

> 逢丑父殺其身以生其君，何以不得謂知權？丑父欺晉，祭仲
> 許宋，俱枉正以存其君，然而丑父之所為，難於祭仲。祭仲
> 見賢，而丑父猶見非，何也？曰：是非難別者在此，此其嫌
> 疑相似，而不同理者，不可不察。夫去位而避兄弟者，君子
> 之所甚貴；獲虜逃遁者，君子之所甚賤。祭仲措其君於人所

甚貴，以生其君，故《春秋》以為知權而賢之；丑父措其君
於人所甚賤，以生其君，《春秋》以為不知權而簡之。其俱
枉正以存君，相似也，其使君榮之，與使君辱，不同理。故
凡人之有為也，前枉而後義者，謂之中權。雖不能成，《春
秋》善之，魯隱公、鄭祭仲是也。前正而後有枉者，謂之邪
道，雖能成之，《春秋》不愛，齊頃公、逢丑父是也。（頁
59-61）

如董生所言，「前枉而後義」方能稱之為「中權」。祭仲「專置廢君」，
此為「前枉」；然此舉措可「生君存國」，故曰「後義」。而逢丑父
「欺三軍」，雖為「前枉」之例；然其結果卻「措其君於人所甚賤」，
讓國君蒙受「失禮」和「無恥」（〈竹林〉；頁60-62）之雙重罪過。
如此「辱君」，又焉能稱之為「義」？以此觀之，董仲舒實亦以「結
果」是否「良善」作為「中權」與否之判斷標準。除此之外，上引
文又以「魯隱公」為「《春秋》善之」之典範，今檢《春秋繁露・
玉英》云：「故隱不言立，……從其志以見其事也。」（頁76-77）
是「動機」是否「純正」，亦為董生判斷「中權」與否之原則。

　　如上所述，在儒家經權觀念的發展過程中，《公羊傳》雖已提
出「權反於經，而後有善」之論，惟對行權之最終理據，則未詳
述，是以「經－權」之間，頗有衝突矛盾之現象。至董仲舒，乃
從形而上的角度，援「天道」以統攝「經－權」之分際，藉此彌
縫二者之關係──權雖反經，但並未違反天道之原則。是董生雖
未明言「權者，反經合道」之論，然其說實已具備此義。然而，
董生之說雖以道統攝經、權，然「經－權」二者仍有判分──以

經為本,以權為輔。故一切之行事,仍當以經為基準。至於行權之原則與範圍,董生之說蓋本諸公羊,將範圍限縮在「生君存國」一義,而其原則,亦以「動機」是否「純正」及「結果」是否「良善」為依歸。換言之,董生之說亦持「君國之義」,而有別於孔、孟之「人倫之理」。一重人倫,一主君國,實為先秦以迄兩漢,儒家經權觀念最大之差異。

## 第四節　結語

儒家經權之論,其說發端於孔子「可與立,未可與權」之嘆;其後孟子提出「禮－權」之辨,經權之論已大致成型。降及兩漢,《公羊傳》首次提出「經－權」之觀念,並對「經」、「權」之關係,及行權之原則與範圍多所闡述,儒家經權之論至此已大體完備。厥後董生繼起,在《公羊傳》之基礎上,對此又有引申發揮。而其首出之義,則是援天道以攝經權,從形而上的角度,確立行權之最終基礎。而在內涵上,孔、孟之說一本於心,故其所重,乃仁心之顯發。而仁心之本為「孝悌」,故其論權,率以「親情倫理」為核心。行為主體可以「越禮行權」,但卻不能違反「仁」之基本原則。至漢初,學者所重,已與孔、孟有別。蓋公羊與董生論權,其所重者乃「君國之義」,一切均以「生君存國」為考量。而其原則,則以「動機是否純正」及「結果是否良善」為準的。一重人倫,一重君國;此乃先秦以迄兩漢,儒家經權觀念最大之演變。

# 結論

# 第八章　結論

　　兩漢學術，其初本尚黃老。其後武帝立五博士，董生請絕諸不在六藝之科者；儒學始漸取代黃老，成為兩漢學術之主流。而五經之中，其中又以春秋公羊學的形成，與董生之關係最為密切。蓋董生之學，不僅承繼先秦以來之論述傳統，又從而發明《春秋》大義，形成一富有個人特色之「董氏春秋學」。為明此義，本文因就「理論傳承」、「詮釋文獻」、「理論基礎」、「詮釋方法」及「理論建構」等層面切入，藉此以觀董仲舒春秋學之理論體系及其相關內涵。

　　首章指出，兩漢春秋公羊學之興，雖得力於公孫弘、胡毋生及董仲舒三人；惟公孫弘與胡毋生皆無著作傳世，能「明於《春秋》」，且令「後學者有所統壹，為群儒首」者，殆僅董仲舒而已。由此可見，董仲舒是兩漢春秋公羊學「系統化」與「理論化」之關鍵人物。而其所用以推闡《春秋》大義者，俱見今本《春秋繁露》。然此書歷來頗有疑其偽作者，故又次論《春秋繁露》之真偽，並藉由《春秋繁露》與《漢書・董仲舒傳》之比對，證明此書實為研究董仲舒之可靠史料，並據以探究董仲舒春秋學之理論基礎、詮釋方法與理論建構等問題。

## 一、《春秋》詮釋之基礎

本文指出，董生有關《春秋》之詮釋，實皆歸本於其所建構之「天的哲學」。而其理論之開展，則分為三個層次：

(一)、確立《春秋》「奉天法古」之旨，奠定《春秋》詮釋之形上基礎；

(二)、明示《春秋》之辭「體天之微」，以《春秋》為「天意」之體現；

(三)、依上述理論，展開其有關「二端」、「三統」、「五始」與「六科」之詮釋，漸次形成其春秋公羊學之理論體系。

## 二、《春秋》詮釋之方法

本文指出，董仲舒詮釋《春秋》之方法，可分為兩個層次：「解讀」與「詮釋」。就「解讀」此一層次而言，董仲舒認為，解讀《春秋》有兩項基本原則：

(一)、綜觀《春秋》全書，求其通貫全書之原則；進而隨順《春秋》之語義脈絡，求其語言文字之意義。

(二)、「排列」《春秋》在各種不同情境下所使用之語言文字，而後按照「類別」加以「聚合」，進而發現其統緒，以進一步推闡《春秋》之餘義。

至於「語辭」之解讀，董仲舒認為，由於《春秋》所使用之語言文字沒有固定的論述格局，因此，論《春秋》者就不能執著於文

字之表層涵義；而是必須打破語言文字的邏輯關係及語意限制，如此方能深入語言文字背後，從中探討《春秋》之微言大義。而要深入語言文字背後，就必須「見其指者，不任其辭」，且隨順各種情境之變化，選擇適當的解釋法則，「常用於常，變用於變」，如此方能「繙援比類，以發其端」，從而探知《春秋》之旨要。

　　就「詮釋」此一層次而言，由於《春秋》之「辭」「多所況」、且「無通辭」、「無達辭」，而在闡述義理時又「從變而移」、「移其辭以從其事」；可見《春秋》之「辭」並不明確指陳義理之所在，而是將其義蘊隱藏在語言文字的背後。如此一來，表層的文字事實上就僅具「陳述」之作用；至於意義的判斷，則必須深入語言文字之背後。既然「辭」在《春秋》中僅具「陳述」之作用，且意義隱藏於語言文字之後，則「辭」在董仲舒的理解中，事實上是不能盡《春秋》之「義」的。「辭」既然不能盡《春秋》之「義」，那麼《春秋》之「義」應由何而見？董仲舒認為，《春秋》之「義」主要表現在「端」、「科」、「指」這幾個層面上；論者必須藉由這些「條例」，方能進入《春秋》之「辭」的核心。很明顯的，董仲舒在分析《春秋》的義理內涵時，其詮釋並非藉由「部份」以進至於「整體」這樣的詮釋過程。換言之，董仲舒並非藉由個別概念之分析，以進至於整體思想特質分析；相反的，董仲舒是運用其所建構出之特殊「框架」來解釋《春秋》。對董仲舒而言，《春秋》是被解讀、被詮釋的對象；同時，也是被運用的對象：藉由《春秋》，以表達個人特殊的哲學見解。

## 三、《春秋》詮釋之理論

　　本文指出，藉由「條例」以釋《春秋》，此乃董生《春秋》詮釋之最大特色。而董生所建構之《春秋》條例，則含攝「二端」、「三統」、「四法」、「五始」、「六科」、「十指」等諸多層面。其中「二端」、「六科」、「十指」涉及董仲舒對於《春秋》「義法」之理解，「三統」、「四法」與董仲舒之「歷史」解釋有關，「五始」則涉及王者受命之「正統」問題，與「三統」所欲闡述之旨意相同。而《春秋》義法之中，董仲舒又由「二端」發展而為「災異」之詮釋，由「常變」拓衍而成「經權」之理論。義法、歷史、災異與經權，此乃董生解會《春秋》所得之旨要：

　　（一）、義法理論。本文指出，董生所揭《春秋》義法，其要有三：1、藉由「二端」之發明，闡述天人相應之理，進而發展為災異之論述；2、透過「六科」之推衍，建構以「尊王之義」與「貴賤之別」為主之政治原則與倫理綱常；3、透過「十指」之統舉，以見《春秋》之所重及其所以絕細惡、審得失之方法，並由此建立具體的行為法則與規範。

　　（二）、歷史理論。本文指出：董仲舒之所以援《春秋》以建構其「三統」、「四法」之理論，與彼時之政治情勢密切相關－為漢家改制，尋求法典之根據。其說以為：朝代更迭依「黑→白→赤」之序次循環發展，而其相應之朝代分則為「夏→商→周」。而不同之統位，則有其相應之政治

體制與禮樂節文。而代周而起者，董生認為是《春秋》，故以《春秋》為黑統；其後漢代秦而立，董生認為其統位直承《春秋》，故亦屬黑統。所謂「《春秋》為漢制法」，其義在此。惟觀董生之說，其對於歷史之理解，並非以客觀歷史為準據，而是以己身之世界觀與價值觀重塑歷史，進而建構出一理想的歷史模型及其應有之內涵，並藉此建構出理想的秩序形式及其對應方針，由此形成一穩定的秩序轉換模式與內容架構。

(三)、災異理論。本文指出，董生災異理論之建構，要旨有三：1、首揭「災異譴告」之旨。董生以為：「凡災異之本，盡生於國家之失。國家之失乃始萌芽，而天出災害以譴告之；譴告之而不知變，乃見怪異以驚駭之。」以「災異」為上天之「譴告」，其說實首見於此。2、奠定災異理論之經典基礎。「記災錄異」，此乃《春秋》之重要內容；而以「災異」為孔子立說之「微言大義」，其說亦肇端於董仲舒。3、確立災異詮釋之基本原則。依董生之意，「災」、「異」雖皆緣於國家之失，然二者又有「災先異後」與「災輕異重」之判分。其後漢儒所述雖與董生有別，然認為災異有先後之分，實亦首出董仲舒。

(四)、經權理論。本文指出：經權之論，其說發端於孔孟，後經《公羊傳》之推衍，儒家經權之論已大體完備。董生之說，則是在《公羊傳》之基礎上，又加以引申發揮。而其首出之義，則是「援天道以攝經權」，從形而上的角

度，確立行權之最終基礎。惟董生所重乃在「君國大義」，
與孔孟之重「親情倫理」，內涵已有不同。

以上為董仲舒春秋學之主要內涵。其相關說法，不僅富有個人
之特色，對後世之說，亦有廣泛之影響。而其深切著明者，則為「春
秋條例之學的形成」。蓋如前所述，藉「條例」以釋《春秋》，其說
雖可推源於胡毋生；然胡說今已莫得其詳，難以論斷得失。以現有
文獻觀之，西漢初期闡述《春秋》條例最詳者，實非董生莫屬。其
「二端」之說，後世衍為「二類」之文；「五始」之論，則為後世
諸說之張本；而後世「三科九旨」之論，亦本諸董生之相關論述。
所謂「三科九旨」，〈隱公元年〉何休注云：

> 所見者，謂昭、定、哀，己與父時也；所聞者，謂文、宣、
> 成、襄，王父時也；所傳聞者，謂隱、桓、莊、閔、僖，高
> 祖、曾祖時事也。異辭者，見因有厚薄，義有淺深。時因衰
> 義缺，將以理人倫，序人類，因制治亂之法。故於所見之世，
> 恩己與父之臣尤深，大夫卒，有罪、無罪皆日錄之，「丙申，
> 季孫隱如卒」是也。於所聞之世，王父之臣因少殺，大夫卒，
> 無罪者日錄，有罪者不日，略之，「叔孫得臣」是也。於所
> 傳聞之世，高祖、曾祖之臣恩淺，大夫卒，有罪、無罪皆不
> 日，略之也，「公子益師無駭卒」是也。於所傳聞之世，用
> 心尚粗觕，故內其國而外諸夏，先詳內而後治外，錄大略小，
> 內小惡書，外小惡不書：大國有大夫、小國略稱人、內離會
> 書，外離會不書是也。於所聞之世，見治升平，內諸夏而外
> 夷狄，書外離會，小國有大夫，〈宣十一年〉「秋，晉侯會狄

於攢函」、〈襄二十三年〉「邾婁鼻我來奔」是也。至所見之世，著治太平，夷狄進至於爵，天下遠近大小若一，用心尤深而詳，故崇仁義，譏二名，「晉魏曼多」、「仲孫何忌」是也。（頁 17）

至唐，徐彥始引何休之說，而有「三科九旨」之名。其文曰：

> 問曰：「《春秋說》云『《春秋》設三科九旨』，其義如何？」答曰：『何氏之意，以為三科九旨正是一物。若總言之，謂之三科。科者，段也。若析而言之，謂之九旨。旨者，意也。言三個科段之內有此九種之意。故何氏作《文謚例》云：『三科九旨者，新周、故宋、以《春秋》當新王。此一科三旨也。』又云：『所見異辭、所聞異辭、所傳聞異辭，二科六旨也。』又：『內其國而外諸夏、內諸夏而外夷狄，是三科九旨也。』」（頁 7）

如徐彥所述，「三科九旨」之說，實出自何休。[1]惟觀徐彥所引《文謚例》，「新周、故宋、以《春秋》當新王」，見《春秋繁露‧三代改制質文》：「湯受命而王，應天變夏作殷號，時正白統。親夏故虞，絀唐謂之帝堯，以神農為赤帝。……文王受命而王，應天變殷作周號，時正赤統。親殷故夏，絀虞謂之帝舜，以軒轅為黃帝，推神農為九皇，……故《春秋》應天作新王之事，時正黑統。王魯，尚黑，

---

[1] 「三科九旨」另有異說。徐彥云：「問曰：『案：宋氏之注《春秋》說，說：「三科者，一曰張三世，二曰存三統，三曰異內外，是三科也。九旨者，一曰時，二曰月，三曰日，四曰王，五曰天王，六曰天子，七曰譏，八曰貶，九曰絕。』」（頁 7）然後代公羊家大抵依何休之說。

紲夏，親周，故宋。」（頁 187-191）「所見異辭，所聞異辭，所傳聞異辭」，見《春秋繁露・楚莊王》：「《春秋》分十二世以為三等：有見，有聞，有傳聞。有見三世，有聞四世，有傳聞五世。故哀、定、昭，君子之所見也；襄、成、文、宣，君子之所聞也；僖、閔、莊、桓、隱，君子之所傳聞也。」「內其國而外諸夏，內諸夏而外夷狄」，見《春秋繁露・王道》：「親近以來遠，未有不先近而致遠者也。故內其國而外諸夏，內諸夏而外夷狄，言自近者始也。」（頁 116）是何休之論，實本諸董仲舒。

此外，董仲舒《春秋》「無傳而著」之論，更首開後世「捨傳解經」之流風。《春秋繁露・竹林》云：

> 《春秋》記天下之得失，而見所以然之故，甚幽而明，無傳而著，不可不察也。夫泰山之為大，弗察弗見，而況微渺者乎！故按《春秋》而適往事，窮其端而視其故，得志之君子，有喜之人，不可不慎也。（頁 56）

董生此說，後世儒者頗有從之者。如盧仝撰《春秋摘微》，即捨傳以解經。韓愈〈寄盧仝詩〉詩云：

> 《春秋》三傳束高閣，獨抱遺經究終始。往年弄筆嘲同異，怪辭驚眾謗不已。[2]

---

[2]　〔清〕錢謙益等輯、屈萬里等編：《全唐詩稿本》（臺北：聯經出版事業有限公司，1986 年），頁 11848-11849。晁公武《郡齋讀書志》亦稱：「《春秋摘微》四卷。右盧仝撰。其解經不用傳，然意甚殊。韓愈謂『春秋三傳束高閣，猶抱遺經究終始』，蓋實錄也。」（頁 108）

其後宋儒之治《春秋》者，復依傍其遺緒，而信《經》不信《傳》之風乃一時蔚為風尚。如劉敞《春秋權衡》云：

> 《傳》雖可信，勿信也。熟信哉？信《春秋》而已。[3]

趙飛鵬《春秋經荃》亦有同樣看法，其言云：

> 善學《春秋》者，當先平吾心，以《經》明《經》，而無惑於異端。……然世之說者，例以為無《傳》則《經》不可曉。嗚呼！聖人作《經》之初，豈意後世有三家者為之《傳》邪？若三《傳》不作，則《經》遂不可明邪？聖人寓王道以示萬世，豈故為是不可曉之義，以罔後世哉！……愚嘗謂學者當以無《傳》明《春秋》，不可以有《傳》求《春秋》。[4]

「無《傳》明《春秋》」，與董生「無傳而著」之論，實無二致。當然，此數家是否曾觀董生之論而有此說，今已不得而知；然其風肇自董仲舒，殆毋庸置疑。

---

3　〔宋〕劉敞：《春秋權衡》（臺北：世界書局，1988年，景印摛藻堂《四庫全書薈要》本），頁37-180。

4　〔宋〕趙飛鵬：《春秋經荃·序》（臺北：世界書局，1988年，景印摛藻堂《四庫全書薈要》本），頁147-178。

# 參考書目

# 參考書目

## 一、專著

《周易正義》。〔晉〕王弼注、〔唐〕孔穎達正義。臺北：藝文印書館，1989
　　年1月。

《毛詩正義》。〔漢〕鄭玄箋、〔唐〕孔穎達正義。臺北：藝文印書館，1989
　　年1月。

《禮記正義》。〔漢〕鄭玄注、〔唐〕孔穎達正義。臺北：藝文印書館，1989
　　年1月。

《周禮注疏》。〔漢〕鄭玄注、〔唐〕賈公彥疏。臺北：藝文印書館，1989
　　年1月。

《春秋公羊傳注疏》。〔漢〕何休注、〔唐〕徐彥疏。臺北：藝文印書館，
　　1989年1月。

《春秋左傳正義》。〔晉〕杜預注、〔唐〕孔穎達正義。臺北：藝文印書館，
　　1989年1月。

《春秋穀梁傳注疏》。〔晉〕范寧集解、〔唐〕楊士勛疏。臺北：藝文印書
　　館，1989年1月。

《論語注疏》。〔魏〕何晏注、〔宋〕邢昺疏。臺北：藝文印書館，1989年
　　1月。

《孟子注疏》。〔漢〕趙岐注、〔宋〕孫奭疏。臺北：藝文印書館，1989年
　　1月。

《春秋繁露義證》。〔漢〕董仲舒撰、〔清〕蘇輿義證。北京：中華書局，
　　1996 年 9 月。

《程氏演繁露》。〔宋〕程大昌撰。臺北：臺灣商務印書館，1981 年。

《春秋經筌》。〔宋〕趙飛鵬撰。臺北：世界書局，1988 年。

《春秋權衡》。〔宋〕劉敞撰。臺北：世界書局，1988 年。

《春秋復始》。〔清〕崔適撰。上海：古籍出版社，1995 年。

《論語義疏》。〔梁〕皇侃撰。成都：四川大學出版社，1998 年 2 月。

《四書章句集注》。〔宋〕朱熹撰。臺北：漢京文化事業有限公司，1987
　　年 10 月。

《十三經引得（四）》。洪業。臺北：南嶽出版社，1977 年。

《說文解字注》。〔漢〕許慎著、〔清〕段玉裁注。臺北：黎明文化事業股
　　份有限公司，1986 年 10 月。

《廣雅疏證》。〔清〕王念孫撰。合肥：安徽教育出版社，2002 年 1 月。

《白虎通疏證》。〔漢〕班固撰、〔清〕陳立疏證。北京：中華書局，1994
　　年 8 月。

《緯書集成》。安居香山、中村璋八編。石家莊：河北人民出版社，1994
　　年 12 月。

《四庫全書總目》。〔清〕紀昀等撰。臺北：臺灣商務印書館，1983 年。

《史記》。〔漢〕司馬遷撰。北京：中華書局，1982 年 11 月。

《漢書》。〔漢〕班固撰。北京：中華書局，1987 年 10 月。

《後漢書》。〔劉宋〕范曄撰。北京：中華書局，1987 年 10 月。

《隋書》。〔唐〕魏徵等撰。北京：中華書局，1987 年 10 月。

《舊唐書》。〔後晉〕劉昫等撰。北京：中華書局，1975 年 5 月。

《宋史》。〔元〕脫脫等撰。北京：中華書局，1985 年 6 月。

《太平御覽》。〔宋〕李昉等。北京：中華書局，1960 年 2 月。

《崇文總目》。〔宋〕王堯臣等編次、錢東垣輯釋。臺北：臺灣商務印書館，
　　1967 年。

《郡齋讀書志校證》。〔宋〕晁公武撰、孫猛校證。上海：上海古籍出版社，
　　1990 年 10 月。

《直齋書錄解題》。〔宋〕陳振孫撰。京都：中文出版社，1978 年 7 月。

《管子校釋》。〔周〕管仲撰、顏昌嶢校釋。長沙：嶽麓書社，1996 年 2 月。

《莊子集釋》。〔周〕莊周撰、〔清〕郭慶藩集解。北京：中華書局，1961
　　年 7 月。

《荀子集解》。〔周〕荀卿撰、〔清〕王先謙集解。北京：中華書局，1988
　　年 9 月。

《呂氏春秋校釋》。〔秦〕呂不韋撰、陳奇猷校釋。上海：學林出版社，1990
　　年 12 月。

《韓詩外傳箋疏》。〔漢〕韓嬰撰、屈守元箋疏。成都：巴蜀書社，1996
　　年 3 月。

《淮南鴻烈集解》。〔漢〕劉安撰、劉文典集解。北京：中華書局，1989
　　年 5 月。

《說苑校證》。〔漢〕劉向撰、向宗魯校證。北京：中華書局，1987 年 11 月。

《論衡校釋》。〔漢〕王充撰、黃暉校釋。北京：中華書局，1990 年 2 月。

《朱子語類》。〔宋〕黎靖德編。上海：上海古籍出版社，1994 年 6 月。

《攻媿集》。〔宋〕樓鑰撰。臺北：中華書局，1959 年。

《六一題跋》。〔宋〕歐陽脩撰。北京：中華書局，1985 年。

《全唐詩稿本》。〔清〕錢謙益等輯、屈萬里等編。臺北：聯經出版事業有
　　限公司，1986 年。

《中國人性論史‧先秦篇》。徐復觀。臺中：私立東海大學，1962 年 4 月。

《中國思想通史》。侯外廬等著。北京：北京人民出版社，1992 年 9 月。

《中國哲學史》。北京大學哲學系中國哲學史教研室編。北京：中華書局，
　　1992 年。

《中國哲學史》。任繼愈主編。北京：北京人民出版社，1996 年 4 月。

《中國哲學史》。肖萐父等主編。北京：北京人民出版社，1993 年 12 月。

《中國哲學史》。姜林祥、苗潤田。天津：天津社會科學院出版社，1992年。

《中國哲學史教程》。丁禎彥、臧宏主編。上海：華東師範大學出版社，
　　1991年。

《中國哲學史新編》。馮友蘭。北京：北京人民出版社，1992年5月。

《中國哲學通史》。楊憲邦主編。北京：中國人民大學出版社，1990年。

《中國經學史》。馬宗霍。臺北：臺灣商務印書館，1992年11月。

《中國經學思想史》。姜廣輝主編。北京：中國社會科學出版社，2003年
　　9月。

《中國儒學百科全書》。中國孔子基金會編。北京：中國儒家大百科全書
　　出版社，1997年3月。

《公羊學引論》。蔣慶。遼寧：教育出版社，1995年6月。

《天》。張立文主編。臺北：七略出版社，1996年11月。

《天人衡中——《春秋繁露》與中國文化》。曾振宇、范學輝。開封：河
　　南大學出版社，1998年8月。

《古史辨》。顧頡剛。臺北：藍燈文化事業有限公司，1987年11月。

《古書通例》。余嘉錫。上海：上海古籍出版社，2001年3月。

《先秦兩漢陰陽五行說的政治思想》。孫廣德。臺北：臺灣商務印書館，
　　1993年6月。

《老子哲學之詮釋與重建》。袁保新。臺北：文津出版社，1991年。

《災害與兩漢社會研究》。陳業新。上海：上海人民出版社，2004年4月。

《兩漢思想史・卷二》。徐復觀。臺北：臺灣學生書局，1989年9月。

《兩漢哲學新探》。于首奎。四川：四川人民出版社，1988年。

《兩漢經學史》。章權才。臺北：萬卷樓圖書有限公司，1995年5月。

《兩漢諸子研究論著目錄：1912-1996》。陳師麗桂主編。臺北：漢學研究
　　中心，1998年4月。

《兩漢諸子研究論著目錄：1997-2001》。陳師麗桂主編。臺北：漢學研究
　　中心，2003年9月。

《兩漢諸子研究論著目錄：2002-2009》。陳師麗桂主編。臺北：漢學研究
　　中心，2010 年 6 月。

《忠恕與禮讓》。舒大剛、彭華。成都：四川大學出版社，2008 年 4 月。

《東漢讖緯學研究》。陳明恩。臺北：國立臺灣師範大學國文學系博士論
　　文，2005 年 7 月。

《春秋公羊傳要義》。李新霖。臺北：文津出版社，1989 年 5 月。

《春秋學の研究》。山田琢。東京：明德印刷，1987 年 12 月。

《春秋學史》。趙伯雄。濟南：山東教育出版社，2004 年 4 月。

《春秋學論考》。佐川修。東京：明德印刷，1983 年 10 月。

《春秋繁露今注今譯》。賴炎元。臺北：臺灣商務印書館，1984 年 5 月。

《重考古今偽書考》。顧實。上海：大東書局，1926 年。

《秦漢時期的黃老思想》。陳師麗桂。臺北：文津出版社，1997 年 2 月。

《唯天唯大：建基於信念本體的董仲舒哲學研究》。余治平。北京：商務
　　印書館，2003 年 12 月。

《經與經學》。蔣伯潛、蔣祖怡。上海：上海古籍出版社，1995 年。

《經學史》。安井小太郎著，林慶彰等譯。臺北：萬卷樓圖書有限公司，
　　1996 年。

《經學通論》。葉國良等編著。臺北：國立空中大學，1996 年 1 月。

《經學概論》。楊成孚。天津：南開大學出版社，1994 年 5 月。

《經學歷史》。皮錫瑞著、周予同注釋。北京：中華書局，1989 年 4 月。

《董仲舒》。林麗雪。臺北：臺灣商務印書館，1987 年 8 月。

《董仲舒》。韋政通。臺北：東大圖書公司，1986 年 7 月。

《董仲舒思想の研究》。鄧紅。東京：人と文化社，1995 年。

《董仲舒思想研究》。華友根。上海：上海社會科學院出版社，1992 年 3 月。

《董仲舒政治思想之研究》。賴慶鴻。臺北：國立政治大學政治研究所博
　　士論文，1980 年 7 月。

《董仲舒春秋學中的災異理論》。黃啟書。臺北：國立臺灣大學中國文學
　　研究所碩士論文，1995 年 5 月。

《董仲舒評傳》。王永祥。南京：南京大學出版社，1995 年。

《董仲舒評傳》。周桂鈿。南寧：廣西教育出版社，1995 年 1 月。

《董仲舒與西漢學術》。李威熊。臺北：文史哲出版社，2008 年 11 月

《董仲舒與新儒學》。黃朴民。臺北：文津出版社，1992 年 7 月。

《董學探微》。周桂鈿。北京：北京師範大學出版社，1989 年 1 月。

《鄒衍遺說考》。王夢鷗。臺北：臺灣商務印書館，1966 年。

《漢代公羊學災異理論研究》。黃肇基。臺北：文津出版社，1998 年 5 月。

《漢初學術及王充論衡述論稿》。李偉泰。臺北：長安出版社，1985 年 5 月。

《論語今讀》。李澤厚。合肥：安徽文藝出版社，1998 年。

《論語義理疏解》。王邦雄等撰。臺北：鵝湖出版社，1985 年 10 月。

《論語譯注》。楊伯峻。臺北：藍燈文化事業公司，1987 年 9 月。

《儒家的天論》。向世陵、馮禹。濟南：齊魯書社，1991 年 12 月。

《儒家倫理：體與用》。黃慧英。上海：三聯書店，2005 年 1 月。

《學問的生命與生命的學問》。傅偉勳。臺北：正中書局，1994 年 1 月。

# 二、論文

〈今傳本《春秋繁露》真偽考〉。蘇安國。《山東圖書館學刊》，2007 年第
　　4 期（2007 年 12 月）。

〈公羊傳災異說考辨〉。奚敏芳。《孔孟學報》，第 73 期。

〈災異與漢代社會〉。吳青。《西北大學學報》，1995 年第 3 期

〈災異說の構造解析──何休の場合〉。岩本憲司。《中國研究集刊》，第
　　17 號（1995 年 10 月）。

〈孟子經權思想探微〉。楊澤波。《學術論壇》1997 年第 6 期。

〈東漢時期的災異與朝政〉。謝仲禮。《中國社會科學院研究生院學報》，
　　2002 年第 2 期。

〈淺析孔子的經權觀〉。張路國。《管子學刊》，2003 年第 1 期

〈「經權」之辨的邏輯發展〉。吳建萍。《蘭州交通大學學報》（社會科學版），
　　第 23 卷第 5 期（2004 年 10 月）。

〈董仲舒《春秋》決獄案例評析〉。王友才。《河北學刊》，1998 年第 5 期
　　（1998 年 7 月）。

〈董仲舒《春秋繁露》中經權觀念之內涵及其意義〉。張端穗。《東海學報》
　　第 38 卷 1 期（1997 年 7 月）。

〈董仲舒の二つの春秋公羊學〉。鄧紅。收入：《中國思想史論叢》，福岡：
　　篠原製本株式會社，1995 年。

〈董仲舒的天論〉。羅光。《哲學與文化》，第 18 卷第 6 期。

〈董仲舒的歷史哲學：董氏春秋學的歷史哲學意義及其侷限〉。宋榮培。《哲
　　學與文化》，第 22 卷第 10 期（1995 年 10 月）。

〈董仲舒歷史哲學初探〉。張秋升。《南開學報》，1997 年第 6 期（1997 年
　　11 月）。

〈試析董仲舒的社會更化思想〉。汪高鑫。《安慶師院社會科學學報》，第
　　16 卷第 4 期（1997 年 11 月）。

〈漢代「天人感應」思想對宰相制度的影響〉。于振波。《中國社會科學院
　　研究生院學報》，1994 年第 6 期。

〈儒學文化視野中的災異觀及其意義——以漢代為例〉。王保頂。《孔孟月
　　刊》，第 35 卷第 4 期（1996 年 12 月。

哲學宗教類　PA0047

# 詮釋與建構
## ——董仲舒春秋學的形成與開展

作　　者 / 陳明恩
責任編輯 / 陳佳怡
圖文排版 / 楊尚蓁
封面設計 / 蔡瑋中

發 行 人 / 宋政坤
法律顧問 / 毛國樑　律師
印製出版 / 秀威資訊科技股份有限公司
　　　　　114 台北市內湖區瑞光路 76 巷 65 號 1 樓
　　　　　電話：+886-2-2796-3638　傳真：+886-2-2796-1377
　　　　　http://www.showwe.com.tw
劃撥帳號 / 19563868　戶名：秀威資訊科技股份有限公司
　　　　　讀者服務信箱：service@showwe.com.tw
展售門市 / 國家書店（松江門市）
　　　　　104 台北市中山區松江路 209 號 1 樓
　　　　　電話：+886-2-2518-0207　傳真：+886-2-2518-0778
網路訂購 / 秀威網路書店：http://www.bodbooks.com.tw
　　　　　國家網路書店：http://www.govbooks.com.tw
圖書經銷 / 紅螞蟻圖書有限公司
　　　　　114 台北市內湖區舊宗路二段 121 巷 28、32 號 4 樓
　　　　　電話：+886-2-2795-3656　傳真：+886-2-2795-4100

2011 年 12 月 BOD 一版
定價：260 元

國家圖書館出版品預行編目

詮釋與建構：董仲舒春秋學的形成與開展 / 陳明恩著. --
　一版. -- 臺北市：秀威資訊科技, 2011.12
　　面 ；　公分. -- (哲學宗教類 ; PA0047)
　BOD 版
　ISBN 978-986-221-857-0(平裝)


1. (漢)董仲舒　2. 春秋(經書) 3. 學術思想　4. 研究考訂

621.7　　　　　　　　　　　　　　　　100019755

# 讀者回函卡

感謝您購買本書，為提升服務品質，請填妥以下資料，將讀者回函卡直接寄回或傳真本公司，收到您的寶貴意見後，我們會收藏記錄及檢討，謝謝！
如您需要了解本公司最新出版書目、購書優惠或企劃活動，歡迎您上網查詢或下載相關資料：http:// www.showwe.com.tw

您購買的書名：＿＿＿＿＿＿＿＿＿＿＿＿＿＿＿＿＿＿＿＿＿＿＿＿＿

出生日期：＿＿＿＿＿年＿＿＿＿＿月＿＿＿＿＿日

學歷：□高中 (含) 以下　　□大專　　□研究所 (含) 以上

職業：□製造業　□金融業　□資訊業　□軍警　□傳播業　□自由業
　　　□服務業　□公務員　□教職　　□學生　□家管　　□其它＿＿＿

購書地點：□網路書店　□實體書店　□書展　□郵購　□贈閱　□其他

您從何得知本書的消息？

　□網路書店　□實體書店　□網路搜尋　□電子報　□書訊　□雜誌
　□傳播媒體　□親友推薦　□網站推薦　□部落格　□其他＿＿＿＿＿

您對本書的評價：（請填代號　1.非常滿意　2.滿意　3.尚可　4.再改進）

　封面設計＿＿＿　版面編排＿＿＿　內容＿＿＿　文／譯筆＿＿＿　價格＿＿＿

讀完書後您覺得：

　□很有收穫　□有收穫　□收穫不多　□沒收穫


對我們的建議：＿＿＿＿＿＿＿＿＿＿＿＿＿＿＿＿＿＿＿＿＿＿＿＿

＿＿＿＿＿＿＿＿＿＿＿＿＿＿＿＿＿＿＿＿＿＿＿＿＿＿＿＿＿＿＿＿

＿＿＿＿＿＿＿＿＿＿＿＿＿＿＿＿＿＿＿＿＿＿＿＿＿＿＿＿＿＿＿＿

＿＿＿＿＿＿＿＿＿＿＿＿＿＿＿＿＿＿＿＿＿＿＿＿＿＿＿＿＿＿＿＿

11466
台北市內湖區瑞光路 76 巷 65 號 1 樓

## 秀威資訊科技股份有限公司　　　收

BOD 數位出版事業部

....................................................................................

（請沿線對折寄回，謝謝！）

姓　　名：＿＿＿＿＿＿＿＿＿　年齡：＿＿＿＿　性別：□女　□男

郵遞區號：□□□□□

地　　址：＿＿＿＿＿＿＿＿＿＿＿＿＿＿＿＿＿＿＿＿＿

聯絡電話：(日) ＿＿＿＿＿＿＿＿＿＿　(夜) ＿＿＿＿＿＿＿＿＿＿

E-mail：＿＿＿＿＿＿＿＿＿＿＿＿＿＿＿＿＿＿＿＿＿